ARBEITSGEMEINSCHAFT FÜR FORSCHUNG
DES LANDES NORDRHEIN-WESTFALEN

GEISTESWISSENSCHAFTEN

40. SITZUNG
AM 18. APRIL 1956
IN DÜSSELDORF

ARBEITSGEMEINSCHAFT FÜR FORSCHUNG
DES LANDES NORDRHEIN-WESTFALEN

GEISTESWISSENSCHAFTEN

HEFT 61

ULRICH SCHEUNER

Die Neutralität im heutigen Völkerrecht

HERAUSGEGEBEN
IM AUFTRAGE DES MINISTERPRÄSIDENTEN HEINZ KÜHN
VON STAATSSEKRETÄR PROFESSOR Dr. h. c. Dr. E. h. LEO BRANDT

ULRICH SCHEUNER

Die Neutralität im heutigen Völkerrecht

SPRINGER FACHMEDIEN WIESBADEN GMBH

ISBN 978-3-322-98351-0 ISBN 978-3-322-99088-4 (eBook)
DOI 10.1007/978-3-322-99088-4

Ursprünglich erschienen bei Westdeutscher Verlag, Köln und Opladen in 1969

Vorwort

Umstände, für die allein der Verfasser die Verantwortung trägt, haben die Veröffentlichung dieses Vortrages lange verzögert. Diese zeitliche Verschiebung nötigt zu einigen redaktionellen Vorkehrungen. Grundlinie und Aufriß des Vortrages sind erhalten geblieben, doch wurde im Hinblick auf die seither erwachsene umfangreiche Erörterung der Probleme der Text so gestaltet, daß er die weitere Entwicklung einschließt. Wesentliche Ergänzungen sind als Exkurse sichtbar gemacht. Für die Anmerkungen wäre es indes untunlich erschienen, neueres Material jeweils gesondert auszuweisen.

Bonn, den 1. September 1969

Ulrich Scheuner

Inhalt

I. Das völkerrechtliche Gewaltverbot und das Problem der Neutralität

Am 14. Dezember 1955 wurden nach langen und schwierigen Verhandlungen zum erstenmal seit längeren Jahren, in denen eine wachsende Anzahl von Staaten ihre Bewerbung um den Beitritt zu den Vereinten Nationen am Widerspruch der UdSSR oder auch an dem der Westmächte scheitern sahen, insgesamt 16 Staaten im Wege eines gegenseitigen Kompromisses der großen Mächte in die Vereinten Nationen aufgenommen. Bei dieser Gelegenheit wurde auch Österreich Mitglied. So mühsam und zeitraubend die voraufgegangenen Unterhandlungen gewesen waren, die Aufnahme selbst vollzog sich in den Beschlüssen der beteiligten Organe rasch und man wandte bei ihr kein Augenmerk der Frage zu, ob ein durch seine Erklärungen zu dauernder Neutralität verpflichteter Staat wie Österreich überhaupt Mitglied der Vereinten Nationen werden kann. Im Rahmen der Entwicklung der Auffassung von der Struktur des Sicherheitssystems der Vereinten Nationen stellt dieser Vorgang indes eine Entscheidung von erheblicher Tragweite dar. Es wurde durch ihn klargestellt, daß innerhalb der Vereinten Nationen für einen permanent neutralen Staat ein Platz zu finden ist. Das bedeutete eine gewisse Wende gegenüber Vorstellungen, die 10 Jahre früher bei der Gründung der universalen Staatengemeinschaft im Vordergrund gestanden hatten und die im Rahmen des Systems der kollektiven Sicherheit, wie es die Verfassung der Vereinten Nationen festlegt, der traditionellen Neutralität keinen Fortbestand mehr zubilligen wollten.

Das Problem trat nicht erst nach dem Zweiten Weltkriege auf. Es stellte sich schon in ähnlicher Form nach dem Ausgang des Ersten Weltkrieges bei der Gründung des Völkerbundes. Als sich im Jahre 1920 die Schweiz der Genfer Institution anschloß, gingen diesem Schritte nicht nur eingehende Überlegungen und Auseinandersetzungen einschließlich einer Volksabstimmung in diesem Lande am 16. Mai 1920 voraus, sondern die Schweiz erreichte auch in der Resolution des Völkerbundsrates vom 13. Mai 1920 eine Befreiung von der Teilnahme an militärischen Sanktionen, die ihrem Verlangen nach Erhaltung der dauernden Neutralität Rechnung trug [1]. Später, nach

[1] Vgl. Botschaft des Bundesrates an die Bundesversammlung über den Beitritt der Schweiz zum Völkerbund v. 4. 8. 1919, BBlatt 1919 IV, S. 565 ff.; Alphonse Morel, La neutralité

dem Scheitern der Sanktionen gegen Italien im italienisch-äthiopischen Konflikt, erwirkte die Schweiz dann durch eine weitergehende Forderung, daß ihr der Völkerbundrat am 14. Mai 1938 die Erhaltung ihrer vollen Neutralität und damit die Nichtbeteiligung an Sanktionen des Paktes zugestand [2]. Im Jahre 1945 ist hingegen, wiederum auf Grund sorgsamer Erwägungen, die Schweiz den Vereinten Nationen nicht beigetreten. Sie hielt das mit der in der Satzung ausgedrückten Verpflichtung der Mitglieder zur Teilnahme an den Sanktionen nicht für vereinbar. Die Schweiz hat sogar gezögert, sich dem Internationalen Gerichtshof anzuschließen, weil nach Art. 94 Abs. 2 der Verfassung der Vereinten Nationen gegen einen Staat, der ein Urteil des Gerichts nicht ausführt, durch den Sicherheitsrat Zwangsmaßnahmen angeordnet werden können. Erst die Überlegung, daß diese Möglichkeit eine sehr entfernte ist, hat die Besorgnisse zerstreut und den Anschluß an das Statut des Internationalen Gerichtshofs möglich gemacht [3].

Den beiden Weltkriegen folgte eine starke Bewegung, die auf eine Überwindung des Krieges durch ein neues System der internationalen Ordnung abzielte. Beide Male setzte man große Hoffnung auf ein System des Verbotes der Gewalt, verbunden mit einer Mechanik der kollektiven Sicherheit. In weiten Teilen der Lehre wurde dabei die Meinung vertreten, daß diese Entwicklung den Fortbestand der überlieferten Neutralität ausschließe. In einer internationalen Ordnung, die auf die Solidarität aller gegenüber dem Angreifer gegründet sei, schien eine Haltung der Unparteilichkeit – die den Kern der neutralen Tradition bildet – nicht mehr am Platze. Man wollte innerhalb dieser Ausrichtung auf eine kollektive Sicherheit die Neutralität nicht mehr als eine freie Wahl der Staaten für ihr Verhalten gegenüber Konflikten anerkennen, sondern meinte in ihr eine stille Begünstigung des Angreifers, ein bedenkliches Abseitsstehen von der Verteidigung des Rechts zu erblicken [4]. Beidemal hat sich im Abstand der Jahre gegenüber dieser anfangs stark hervortretenden Ansicht unter dem Eindruck der Erfahrung ein

de la Suisse et la Société des Nations, Lausanne 1931, S. 120 ff.; Herbert v. Moos, Die Schweiz zwischen zwei Rechtswelten, Bern 1940, S. 13 ff.; P. Guggenheim, Völkerbund, Dumbarton Oaks und schweizerische Neutralität, Zürich 1945, S. 77 ff.; Ders., Traité de droit international public, Genf 1954, Bd. 2, S. 557 ff.; D. Schindler sen., ZaöRuVR 8 (1938), S. 413 ff.; B. Dutoit, La Neutralité Suisse à l'Heure Européenne, Paris 1962, S. 29 ff.; H. Haug, Neutralität und Völkergemeinschaft, Zürich 1962, S. 73 ff.; Edgar Bonjour, Geschichte der schweizerischen Neutralität, 2. Aufl., Basel 1965, Bd. 2, S. 741 ff.

2 Zu der Rückkehr zur vollen Neutralität siehe die in Anm. 1 Genannten, vor allem Schindler sen., a.a.O., S. 422 ff.; Bonjour, Bd. 3 (1967), S. 203 ff.

3 Hierzu Max Hagemann, Schweiz JbIntR 5 (1948), S. 117 ff.

4 Für diese Gedanken siehe Nicolas Politis, La neutralité et la paix, Paris 1935, S. 90 ff., 115 ff., 186 ff. aus der Zeit nach 1919; in der Gegenwart Quincy Wright, AmJIL 47 (1953), S. 365 ff.; H. Lauterpacht, BrYBIL 29 (1952), S. 377 ff.

Umschlag vollzogen. In der Zeit des Völkerbundes wurde früh erkannt, daß der Pakt der Liga keinen vollen Ausschluß des Krieges herbeigeführt hatte. Die Versuche diese Lücken zu schließen, erfolgreich vor allem im Kellog-Pakt von 1928, vermochten doch nicht ein wirksames Sicherheitssystem aufzurichten. Als der gegen Italien unternommene Sanktionsfeldzug 1935/36 scheiterte, vollzog sich, nicht nur in der Schweiz, auch in Belgien und den Niederlanden sowie in den skandinavischen Staaten, eine betonte Rückkehr zur vollen traditionellen Neutralität [5]. Nach dem Zweiten Weltkrieg hat sich, wenn auch langsamer und nicht so ausgesprochen, eine ähnliche Entwicklung vollzogen. Man erkannte verhältnismäßig rasch, daß das in der Verfassung der Vereinten Nationen entworfene Sicherheitssystem nur eine begrenzte Wirksamkeit besitzt und daß sich daher hier wiederum ein Feld für die traditionelle Haltung der Neutralität öffnet [6]. Auf der anderen Seite wurde freilich in einem noch weiteren Umfang zunächst die Möglichkeit einer Weiterführung der überlieferten Neutralität in Abrede gestellt. Kelsen stellte fest, daß Neutralität mit den Pflichten eines Mitglieds der Vereinten Nationen nicht mehr vereinbar sei [7] und Sir Hersch Lauterpacht vertrat die Auffassung, daß der Angreifer nach der heutigen Auffassung vom Kriege nicht das Recht habe, Einhaltung der Unparteilichkeit zu beanspruchen, andere Staaten ihm gegenüber ihre Haltung differenzieren dürften [8]. Alfred Verdross sprach sich noch in der 1954 abgeschlossenen 3. Auflage seines „Völkerrechts" dahin aus, daß eine echte Neutralität eines Mitgliedes bei Zwangsmaßnahmen der Vereinten Nationen wegen seiner Teilnahmepflicht an nichtmilitärischen Sanktionen nach Art. 41 der Satzung ausgeschlossen sei [9]. In späteren Stellungnahmen hat Verdross indessen anerkannt, daß der Sicherheitsrat auch bei nichtmilitärischen Maßnahmen eine Befreiung der Folgepflicht für ein Mitglied vornehmen kann und daß daher eine Neutralität im Schoße der Vereinten Nationen möglich ist [10].

In dem Gegensatz dieser beiden Anschauungen von der Existenz der Neutralität im heutigen Völkerrecht begegnen sich zwei grundsätzliche Haltun-

[5] Zu diesem Vorgang siehe Hambro, Das Neutralitätsrecht der nordischen Staaten, ZaöRuVR 8 (1938), S. 445 ff.; F. La Ruche, La neutralité de la Suède, Paris 1953, S. 55 ff.; Nils Ørvik, The Decline of Neutrality, Oslo 1953, S. 172 ff.; Verdross, OeZöR Nr. 18 (1938), S. 44 ff.

[6] Vgl. an frühen Äußerungen Lalive, BrYBIL 24 (1947), S. 72 ff.; Komarnicki, Recueil des Cours de l'Academie de Droit International à la Haye-RdC 80 (1952 I), S. 490 ff.

[7] Hans Kelsen, The Law of the United Nations, London 1951, S. 94 ff.

[8] BrYBIL 29 (1952), S. 361 ff.

[9] Völkerrecht, 3. Aufl., Wien 1955, S. 525; siehe aber jetzt 5. Aufl., 1964, S. 655 ff.

[10] Hinweis auf die Befreiung bei militärischen Maßregeln schon in: Völkerrecht, 3. Aufl., S. 525. Siehe ferner die Betonung der Befreiungsmöglichkeit für alle Maßnahmen AmJIL 51 (1956), S. 62; ZaöRuVR (1958), S. 521 ff.

gen. Die eine legt ein entscheidendes Gewicht auf den rechtlichen und moralischen Schritt, der mit dem Kriegs- und Gewaltverbot erreicht ist, und möchte daher in der Solidarität der Staaten, in ihrem Zusammenstehen gegen einen Angreifer, eine Stellungnahme für diese neue Auffassung der Verurteilung des Krieges sehen, der gegenüber sie die Anerkennung der Möglichkeit herkömmlicher Formen der Neutralität als unangebracht empfindet. Es ist unverkennbar, daß sich hier ein starker sittlicher Impuls, ein lebhaftes Streben nach wirklicher Überwindung des Krieges, ausprägt. Demgegenüber verweist die andere Haltung auf die Unvollkommenheiten, die dem System einer kollektiven Sicherung gegen Krieg und Gewalt sowohl in der rechtlichen Ausgestaltung wie vor allem auch nach der Struktur der internationalen Gemeinschaft anhaften und die daher eine erfolgreiche Durchsetzung dieser Ordnung in vielen Fällen ausschließen. Diese Auffassung verkennt nicht, daß bei der strikten Erfüllung der rechtlichen Bestimmungen der Charta eine traditionelle Neutralität – mit gewissen Ausnahmen indes auch hier – für die Mitglieder der Vereinten Nationen nicht in Betracht kommt. Aber sie weist darauf hin, daß die Verfassung der Vereinten Nationen selbst die Anwendung ihrer Regeln von der Erfüllung bestimmter Vorbedingungen – Eingreifen des Sicherheitsrates, Entscheidung über den Angreifer, Unterbleiben des Vetos einer Großmacht – abhängig macht, die nur selten erfüllt sein werden. Sie gibt daher der Anwendung der Neutralität angesichts der Mängel des bestehenden Systems eine Zone der Fortgeltung, die sie praktisch als bedeutsam einschätzt. Die Beurteilung der Neutralität in der heutigen Völkerrechtsordnung führt demnach im Grunde zurück auf das Problem der Einschätzung des Wirkungsgrades, den das von der Satzung der Vereinten Nationen aufgestellte Schema internationaler Sicherheit erlangt hat. Der entscheidende rechtliche Wandel, der mit dem Verbot der Anwendung von Krieg und Gewalt in der Völkerrechtsordnung eingetreten ist, wird von beiden Ansichten vorausgesetzt. Die Fragen stellen sich nur in der Richtung, und ihnen wird nachzugehen sein, welche Tragweite die rechtlichen Bestimmungen der Satzung der Vereinten Nationen haben, in welchem Verhältnis ihre Regeln zu den Normen des allgemeinen Völkerrechts stehen und welche Einschätzung man den nach diesen Vorschriften und ihrer Effektivität offenbleibenden Möglichkeiten der Austragung von Konflikten außerhalb des vorgesehenen kollektiven Systems beimißt.

Exkurs I: Auch die Erfahrung einer längeren Zeitperiode seit dem Ende des Zweiten Weltkrieges hat den Gegensatz der beiden hier gezeichneten Anschauungen über die rechtlichen Konsequenzen des Kriegsverbotes für die völkerrechtliche Ordnung und für die Bewertung der Neutralität nicht zum Schwinden gebracht. Ein großer Teil der Lehre hält an der Meinung fest, daß in der rechtlichen Konsequenz der von der Charta vorgezeichneten gemeinsamen Bekämpfung des Krieges ein Fortfall der bisherigen Form der Neutralität liege, an deren Stelle eine differenzierende Haltung gegenüber den Teilnehmern eines Konfliktes zu treten habe [11]. Demgegenüber steht freilich sowohl die Entwicklung der Praxis, die dem Gedanken der Neutralität in seiner herkömmlichen Form zunehmend Raum gegeben hat, wie auch eine steigende Bereitschaft eines Teiles der Völkerrechtswissenschaft, die Bedeutung des rechtlich wie tatsächlich für die Neutralität eröffneten Anwendungsgebietes erheblich höher einzuschätzen [12]. Der Gegensatz der beiden Haltungen tritt auch heute noch in der internationalen Diskussion deutlich hervor. Ein lehrreiches Beispiel bietet die Erörterung auf der Tagung der American Society of International Law im Jahre 1968. In einem interessanten Referat vertrat hier Elihu Lauterpacht die Meinung derjenigen, die die Folgen der gewandelten Kriegsauffassung streng betonen. Er sah angesichts des Kriegsverbotes die Möglichkeit eines rechtlichen Kriegszustandes technisch überhaupt nicht für gegeben an, lehnte daher – abgesehen vom humanitären Kriegsrecht – eine Berufung des Angreifers auf die Regeln des Kriegsrechts ab und gelangte daher auch zu einer Abweisung der Neutralität [13]. Er fand dabei die Zustimmung angesehener amerikanischer Gelehr-

[11] Ohne eine vollständige Übersicht bieten zu wollen, seien als Vertreter der Ansicht von der grundsätzlichen Unvereinbarkeit der Neutralität mit der Charta und ihrem daraus resultierenden Entfall angeführt: Quincy Wright, AmJIL 50 (1956), S. 514 ff.; Ders., The Role of International Law in the Elimination of War, Manchester 1961, S. 27 ff., 61 ff.; Philipp C. Jessup, A Modern Law of Nations, New York 1949, S. 53; I. Fabela, Neutralité, Paris 1949, S. 100 ff.; Kelsen, The Law of the United Nations, S. 90 ff.; Pitman B. Potter, AmJIL 50 (1956), S. 151 ff.; Ørvik, The Decline of Neutrality, S. 251 ff.; Ch. Chaumont, RdC 89 (1956 I), S. 17 ff.; Starke, Introduction to International Law, 5. Aufl., 1963, S. 436 f.; Louis Henkin, ProcAmSocIL 57 (1963), S. 61 f.; Fenwick, dort 62 (1968), S. 80. Auch indische Gelehrte nehmen trotz der neutralistischen Haltung ihres Landes diesen Standpunkt ein: Mukherjee und Bhose auf dem VII. Kongreß der Association Internationale de Juristes Démocrates, Sofia 1960: Aspects juridiques de la neutralité, Brüssel 1960, S. 26 ff., 35 ff. Viele der Genannten geben allerdings zu, daß faktisch die Neutralität infolge der fehlenden Wirksamkeit der Vorschriften der V.-N.-Satzung noch eine Rolle spielt.

[12] Die Betonung des realistischen Standpunktes und damit des Fortbestandes eines erheblichen Anwendungsbereiches für die Neutralität bei Komarnicki, RdC 80 (1952 I), S. 467 ff.; Julius Stone, Legal Controls of International Conflict, 2. Aufl., London 1959, S. 407; Bindschedler, ZaöRuVR 17 (1956), S. 8 ff.; Georg Schwarzenberger, The Frontiers of International Law, London 1962, S. 32.; Ders., The Law of Armed Conflict, London 1968, S. 50 ff., 63 ff.; Hoyt, ProcAmSocIL 61 (1967), S. 79; R. R. Baxter, dort 62 (1968), S. 73 f.

[13] ProcAmSocIL 62 (1968), S. 58 ff.

ter [14], freilich auch den Widerspruch einer realistischen Ansicht, die die Unvollständigkeit des materiellen Rechts zur rechtlichen Beurteilung eines Konfliktes und die geringe Erwartung einer verbindlichen Entscheidung internationaler Organe über diese Frage betont und daher die Fortgeltung der Regeln des Kriegsrechts in einem Konfliktsfalle und eine Anwendung des Rechts der Neutralität für möglich hält [15]. In dieser in jüngster Zeit geführten Diskussion traten sich die Auffassungen noch in der gleichen Ausprägung entgegen, die sie kurz nach dem Kriege gewonnen hatten.

Probleme ergeben sich freilich auch bei der Hinneigung zu der realistischen Beurteilung hinsichtlich des Umfanges, in dem die Natur der Neutralität heute etwa in der Richtung auf eine differenzierende Haltung geändert ist, für die Frage, ob sich der Inhalt der Pflichten der Neutralität entsprechend den modernen Formen der Kriegführung und des Wirtschaftsverkehrs geändert hat, und endlich im Blick auf die Möglichkeiten der Geltung der Regeln der Neutralität in einem nicht als Krieg erklärten Konflikt oder einem Bürgerkrieg *(Ende des Exkurses).*

Die Behandlung der durch die neuen Entwicklungen des Völkerrechts für die Neutralität aufgeworfenen Fragen soll in drei Abschnitten erfolgen. Der erste wird einem kurzen Rückblick auf die Geschichte der Institution gewidmet sein und das Bild der Neutralität zeichnen, wie es sich vor dem Einsetzen der modernen Abweisung des Krieges, also vor dem Ersten Weltkrieg, darstellte. Der zweite Abschnitt wird die grundsätzliche Frage um den Fortbestand und den Gehalt der Neutralität im Rahmen der heutigen gewandelten Kriegsauffassung untersuchen und den verbleibenden Raum der Neutralität im modernen Völkerrecht bestimmen. Im letzten Teil endlich wird die Aufmerksamkeit dem Erscheinungsbild der Neutralität, ihrer Anwendung in der Gegenwart, der heutigen Praxis und der allgemeinen Rolle zugewandt sein, die die Neutralität in der gegenwärtigen internationalen Gemeinschaft zu erfüllen vermag.

[14] Vgl. dort Henry A. Falk, S. 76 f., 80 f.; Wright, S. 79 f.
[15] Vgl. R. R. Baxter, dort S. 68 f.; 82 f.

II. *Die Neutralität in ihrer geschichtlichen Entwicklung*

1. *Die vertragliche Neutralität*

Eine Haltung der Nichtbeteiligung am Kriege hat es schon in frühen Zeiten gegeben; aber als ein besonderer Rechtszustand ist diese Haltung zwischen den Kriegführenden doch erst im späteren Mittelalter erfaßt worden. In der Antike wurden die Probleme des Verhaltens im Kriege in der Form von Bündnissen und bündischen Verhältnissen behandelt [16], die in der Entwicklung der römischen Politik aus dem socius und amicus mehr und mehr den Abhängigen, den Klienten machten; eine Mittelstellung war rechtlich nicht ausgebildet [17]. Das Mittelalter kannte das Beiseitestehen im Konflikt, aber es gestaltete diese Stellung erst langsam zu einem rechtlichen Status aus. Von den universalen Mächten der Zeit befand sich der Papst, seinem moralischen Auftrag als Friedensstifter entsprechend, regelmäßig in einer gewissen Mittlerstellung, die vor allem bei der Hilfe zum Ausdruck kam, die er in Friedensverhandlungen zu leisten pflegte [18]. In den häufigen lokalen Kriegen der Epoche war es ein natürliches Streben anderer nichtbeteiligter Territorien und Städte, ihren Handel unbehelligt fortzuführen (der mittelalterliche Krieg war weithin zugleich ein Wirtschaftskrieg) und so führte vor allem im Seerecht dieses Streben im 14. und 15. Jahrhundert zur Ausbildung einer der Neutralität im Ansatz entsprechenden Position. Sie wurde freilich zugunsten der Kriegführenden durch die Ausbildung der Institute der Konterbande und der Blockade eingeschränkt, die dem Interesse der Kriegsparteien dienten, dem Gegner die Zufuhr abzuschneiden und seine Ausfuhr zu

[16] Aus griechischer Zeit kennen wir in Freundschaftsverträgen und Symmachien Verpflichtungen, die gleichen Freunde und Feinde wie der andere Teil zu haben und keine Söldner für den Gegner des Vertragspartners zu stellen. Vgl. H. H. Schmidt, Die Staatsverträge d. Altertums, Bd. III, München 1969, S. 314 (Bündnis der Rhodesier mit Hieropytna) und S. 299 (Verbot der Soldwerbung für Karthago im Frieden von 202). Siehe auch Alfred Heuss, Stadt u. Herrscher des Hellenismus (Beiheft 39 zu Klio), Neudruck 1963, S. 155 ff.

[17] Zu den socii und der amicitia und ihrer Wandlung in Abhängigkeit siehe E. Badian, Foreign Clientelae 264–270 B. C., Oxford 1958, S. 55 ff. Immerhin findet sich ein Hinweis auf eine Mittelstellung in römischen Äußerungen gegenüber griechischen Territorien: Pacem quod medios decet, amicos optent; bello se non interponant (Livius XXXV, 48). Vgl. hierzu E. Reibstein, Transitus innoxius, ZaöRuVR 21 (1961), S. 444.

[18] Vgl. hierzu meine Darlegungen in: Festschrift Max Braubach, Münster 1964, S. 230; J. G. Dickinson, The Congress of Arras 1435, Oxford 1955, S. 79 ff.

behindern [19]. Vertragliche Bindungen erscheinen zunächst in der Form des gegenseitigen Versprechens der Staaten, nicht die Gegner des anderen Teils zu unterstützen, ihre Untertanen von solcher Hilfe abzuhalten und auch Rebellen gegen den Partner nicht zu fördern [20]. Im Landkriege fehlten noch weithin feste Regeln [21]. Die Gewährung des Truppendurchzugs durch das Gebiet und die Gestattung von Söldnerwerbungen wurden als statthaft angesehen, wobei die erstere Vergünstigung auf eine alte, schon antike Tradition zurückwies [22]. Im 16. Jahrhundert entwickelte sich der Brauch, durch Verträge mit den Kriegführenden die eigene Unversehrtheit der Neutralen abzusichern [23]. Die Neutralität wird eine vertragliche, weil ihre Rechte und Pflichten noch nicht genau definiert waren und sie daher jeweils im Einzelfall bestimmt und gesichert werden mußte. In der Literatur des 16. Jahrhunderts wurde die Neutralität nun bereits als eine offenstehende Möglichkeit behandelt, freilich gern als eine gefährliche Haltung, weil keinem gegenüber abgedeckt, angesehen [24].

[19] Zur Ausbildung der Neutralität im Seekriege siehe G. H. J. van der Molen, Alberico Gentili and the Development of International Law, 2. Aufl., Leyden 1968, S. 181 ff.; Philip C. Jessup and F. Déak, Neutrality, Bd. I, New York 1935, S. 35 ff., 50 ff.; E. Reibstein, Das Völkerrecht der deutschen Hanse, ZaöRuVR 17 (1956), S. 74 ff. Die Anfänge reichen bis in die frühe Seegesetzgebung (Consolat del Mar) zurück und werden durch die Praxis der Prisenrechtsprechung seit dem 13./14. Jahrhundert ausgebildet.

[20] Ein ausführliches Beispiel bietet der „Intercursus Magnus" (Handelsvertrag) zwischen Philipp dem Schönen und Heinrich VII. von England von 1495 (Schmaus, Corpus Juris Gentium, 1730, S. 135, Art. 3). Seine Bestimmungen werden aufgenommen und erweitert im Friedensvertrag zwischen Philipp II. von Spanien und Jakob I. von England von 1604 (Dumont, Corps Universel Diplomatique, Bd. V/2, S. 32, Art. 20). Zuwiderhandelnde Untertanen werden als foedifragi und seditiosi angesehen. Ferner Vertrag Ludwigs XI. von Frankreich mit den Eidgenossen v. 20. 9. 1470 (Traités de Paix, de Trève etc., Haag 1700, Bd. I, S. 577, auch Leibnitz, Codex Jurio Gentium, Wolfenbüttel 1747, S. 430): Keine Hilfe für den Herzog von Burgund. Weitere Beispiele bei Jessup-Déak, S. 24 ff.

[21] Das Wort Neutralität wird seit dem Anfang des 15. Jahrhunderts verwandt, wenn auch der Ausdruck „medii in bello" oder „Stillsitzen" sich noch lange hält. Vgl. van der Molen, a.a.O., S. 181; Jessup-Déak, Bd. I, S. 20 f. Ein „Stillsitzen" versprachen die Appenzeller den Kämpfenden im alten Zürichkrieg. Vgl. Bonjour, a.a.O., Bd. 1, S. 40.

[22] Hierzu eingehend Reibstein, Transitus innoxius, a.a.O., S. 428 ff.; Grotius, De Iure Belli ac Pacis, Buch 2, cap. 2, § 13.

[23] Als Beispiel Lettres de Neutralité accordées par Henri IV roi de France au Duc de Lorraine (Dumont V/1, S. 528). Hier werden dem Schutz einerseits Lothringen und Bar, andererseits die Bistümer Metz, Toul und Verdun unterstellt. Ein späteres Muster bildet der Vertrag zwischen Gustav Adolf und Bayern nebst den kath. Städten der Liga vom 29. 1. 1632, in dem sich die letzteren zur Neutralität verpflichten und keinen Durchzug und keine Söldnerwerbung in ihrem Gebiet für den Gegner zu dulden versprechen. Vgl. hierzu M. Roberts, Gustavus Adolphus, London 1953, Bd. 2, S. 467. Fernere Beispiele bei Jessup-Déak, a.a.O., Bd. 1, S. 20 ff., 30 ff. Neutralitätsverträge empfiehlt noch Georg Friedrich v. Martens, Einleitung in das positive Europäische Völkerrecht, Göttingen 1796, § 302, S. 342.

[24] In diesem Sinne äußern sich Machiavelli und Botero. Siehe Truyol y Serra, OeZöR 8

Die Fortbildung des Neutralitätsrechts im Seekrieg vollzog sich in einer ausgedehnten Praxis des 17. und 18. Jahrhunderts, in der sich die Interessen der Kriegführenden und der Neutralen in der Umgrenzung der Konterbande und der Blockade gegenüberstanden und häufig der Weg vertraglicher Festlegung dieser Institute gesucht wurde [25]. Man kann bei allem Disput im einzelnen hier von einer fortschreitenden Festigung und Klärung der Rechtsbegriffe sprechen. Im Landkrieg bildete sich der Gedanke der Pflicht zur Unparteilichkeit nur langsam aus. Die Gestattung des Durchzugs kriegführender Heere setzte sich lange fort. Die Eidgenossen versprachen zwar wiederholt Frankreich, Gegnern keine Hilfe zu leisten, aber die alten Orte gewährten in einem Vertrag vom 20. 3. 1634 den Spaniern den Durchzug über die Alpenpässe [26]. Erst die Vorgänge im späteren Abschnitt des 30jährigen Krieges, die unerlaubten Durchzüge des schwedischen Generals Horn (1633) und Bernhards von Weimar (1638) führten in der Schweiz zu einer Änderung der Haltung [27]. Im übrigen Europa behauptete sich aber der Durchzug noch in Lehre und Praxis bis ins 18. Jahrhundert [28]. Ähnliches galt für die Söldnerwerbung [29].

Um die Mitte des 18. Jahrhunderts war freilich schon der Gedanke einer Unparteilichkeit des Neutralen herrschend geworden und Vattel stellt ihn in seiner Darstellung der Neutralität, die freilich Gewährung des Durchzugs und Finanzhilfe noch zuläßt, stark heraus [30].

(1957/58), S. 449 ff. Ähnlich auch Bodin, Six livres de la République, Ausg. 1583, Buch 5, cap. 6, S. 793 f.

[25] Vgl. zu dieser Entwicklung Jessup-Déak, a.a.O., Bd. I, S. 33 ff., 105 ff.

[26] Vgl. den Vertrag vom 20. 3. 1634 mit Philipp IV. bei Dumont VI/1, S. 63. Zur Haltung der Eidgenossen, die nicht nur zwischen Frankreich und Habsburg, sondern auch zwischen ihren eigenen konfessionellen Gegensätzen zu balancieren hatten, Bonjour, a.a.O., Bd. 1, S. 34 ff.

[27] Siehe Bonjour, a.a.O., Bd. 1, S. 49 ff.; Camille Gorgé, La Neutralité Helvétique, Zürich 1947, S. 57 ff.; Paulick, Geschichtliche Entwicklung und rechtliche Grundlagen der sog. Dauernden Neutralität der Schweiz, Leipziger Rechtswiss. Studien, Heft 121, Leipzig 1940, S. 34 f.

[28] So mußte Preußen im Jahre 1711 russischen und sächsischen Truppen den Durchmarsch zu den schwedischen Ostseegebieten gestatten (C. Hinrichs, Friedrich Wilhelm I., Hamburg 1941, S. 529 ff.). Weitere Beispiele aus dem 18. Jahrhundert bei J. J. Moser, Versuch d. Neuesten Europäischen Völker-Rechts, Bd. X, Teil 1, Frankfurt 1780, S. 238 ff. In der Rechtslehre hielt Vattel, Droit des Gens, 1758, Buch 3, cap. 7, Bd. 2, S. 40 ff., die Gestattung des Durchmarsches für mit der Neutralität vereinbar, betonte aber die Wahrung der Gleichheit für beide Parteien. Der gleiche Standpunkt noch bei G. F. v. Martens, a.a.O., § 305, S. 344. Erst A. W. Heffter, Das Europäische Völkerrecht der Gegenwart, 2. Aufl., 1848, S. 257, lehnt den Durchzug wegen der Begünstigung eines Teils überhaupt ab.

[29] Auch hier suchte die Schweiz ein gewisses Gleichgewicht zu bewahren. Vgl. Bonjour, a.a.O., Bd. 1, S. 43 ff.

[30] Vattel, a.a.O., Bd. 2, S. 34 ff. Klarer noch J. J. Moser, a.a.O., S. 211: „Unparteilichkeit ist die Seele und das Wesen der Neutralität."

In der gleichen Epoche traten die Ostseemächte mit dem Bestreben hervor, durch einen Zusammenschluß ihre Interessen als Neutrale gegenüber den Seemächten in der Form einer „Bewaffneten Neutralität" zu verteidigen [31]. Auch wenn diese Versuche, das seit jeher von den Neutralen verfochtene Prinzip, daß die neutrale Flagge auch das feindliche Gut auf neutralem Schiff decke und daß eine Blockade effektiv ausgeübt sein müsse, zur Durchsetzung zu bringen, nicht erfolgreich waren, so festigten sie doch das Bewußtsein einer gesicherten Rechtsstellung der Neutralen. Die napoleonischen Kriege brachten freilich noch einmal eine Erschütterung der Stellung der Neutralität, die sogar die Schweiz in ein Abhängigkeitsverhältnis von Frankreich brachte [32]. Nach ihrem Abschluß aber festigte sich die Einrichtung der Neutralität, so daß man davon sprechen kann, daß ihre Entwicklung zu einer auf voller Unparteilichkeit beruhenden Institution abgeschlossen war. Zum mindesten gilt das für die „vollkommene" oder „strenge" Neutralität, die in der Lehre der Zeit der „unvollständigen" gegenübergestellt wurde, bei der man noch Hilfeleistungen an einen der Kriegführenden zuließ [33]. Der letztere Begriff trat indes im Laufe der Jahrzehnte ganz zurück.

2. *Die Anerkennung der Neutralität im 19. Jahrhundert*

In der Zeit des 19. Jahrhunderts behauptete die Neutralität in Lehre und Praxis einen unbestrittenen Platz. Man erblickte in ihr nicht nur ein Recht des Einzelstaates, das in dessen Souveränität begründet lag, sondern auch eine Institution, die bestimmt war, die Ausdehnung der Kriege zu begrenzen und die Möglichkeit der Vermittlung und des Ausgleichs offenzuhalten [34]. Diese positive Anerkennung und Sicherung der Stellung der Neutralität be-

[31] Zu den Vorgängen der Bewaffneten Neutralitäten von 1780 und 1800 siehe Th. Boye, RdC 64 (1938 II), S. 181 ff., 188 ff.

[32] Auch auf der anderen Seite wurde damals die Neutralität in einem besonderen Licht gesehen. Sir William Scott (später Lord Stowell) erklärte im Prisenfall „The Maria Paulsen" (1. C. Robinson 340), daß die Natur des gegenwärtigen Krieges England jedenfalls so weitgehende Rechte gebe wie in jedem anderen Kriege. Die neutralen Staaten selbst müßten sehen, daß es in diesem Kriege für sie um ein „much more direct and substantial" Interesse gehe als in sonstigen bloßen „limited and private quarrels". Hier wurde also der Gedanke des besseren moralischen Rechts der einen kriegführenden Seite zur Geltung gebracht. Vgl. W. A. Phillips u. S. H. Reed, Neutrality, Bd. 2 (1936), S. 96.

[33] Zu dieser Unterscheidung C. G. v. Martens, a.a.O., § 301, S. 341 f.; Heffter, a.a.O., S. 252.

[34] Heffter, a.a.O., S. 252, sagt: „Nichts ist so wichtig für den Bestand einer freien sittlichen Staatengesellschaft als das Verhältnis der Neutralität."

ruhte auf bestimmten Voraussetzungen, die die Rechtsauffassung und die politische Ordnung dieser Zeit kennzeichnen:

a) Die Ausbildung der Neutralität ist in der älteren Epoche nicht wesentlich von der Lehre vom gerechten Kriege beeinflußt oder gar gehemmt worden. Diese Anschauung war, seit man vom 16. Jahrhundert an die Möglichkeit eines von beiden Seiten im Glauben an die gute Sache geführten Krieges zugab [35], schon im Rückzug begriffen. Immerhin konnte sich aus der Vorstellung des gerechten Krieges der Gedanke ergeben, daß der Neutrale sich der Mitwirkung an einem gerechten Kampfe versage. Seit dem Ende des 18. Jahrhunderts aber war die Anschauung vom gerechten und ungerechten Kriege aufgegeben. Indem die Rechtsvorstellung des 19. Jahrhunderts damit der Anwendung des Krieges als eines Mittels politischer Durchsetzung rechtlich freien Raum gewährte und der freien Entscheidung der einzelnen Staaten überließ, war auch die Neutralität in gleicher Weise und zu gleichem Recht eine anerkannte Verhaltensweise der Staaten geworden. Auf dieser Voraussetzung, die den Krieg von einer rechtlichen Bewertung seines Grundes und seiner Rechtfertigung löst und die Entschließung über die Gewaltanwendung dem souveränen Urteil der einzelnen Staaten anheimgibt, beruht aber das gesamte Kriegsrecht im 19. Jahrhundert. Nach wie vor wurde zwar der Krieg als ein großes Übel betrachtet, dessen Begrenzung und Milderung angestrebt wurden. Aber die Stellungnahme zum Kriege begrenzte sich auf ein moralisches Urteil [36]. Das 19. Jahrhundert legte das Gewicht nicht nur auf die Verhütung des Krieges – man war zu sehr überzeugt, daß in gewissen Fällen der Krieg zwischen den Staaten unvermeidlich sei – als auf seine Eingrenzung und Humanisierung. Auf dieser Grundlage erwuchs das Streben nach einer Festlegung des Kriegsrechts, das freilich erst am Beginn des nächsten Jahrhunderts auf den Haager Konferenzen von 1899 und 1907 seine Verwirklichung fand, und die Forderung nach Ausbildung humanitärer

[35] Ansätze zu dieser Auffassung bereits bei Grotius, Buch II, cap. 23, § 13. Ferner bei Gentili (v. d. Molen, a.a.O., S. 118 ff.) und Ayala. Im 18. Jahrhundert sieht Vattel die Möglichkeit einer Annahme, einen gerechten Krieg zu führen, auf beiden Seiten für gegeben, da ein internationaler Richter fehle, der über das Recht entscheiden könne: Droit des Gens, Buch III, cap. 3, § 40, S. 14 und cap. 11, § 190, S. 69. Ebenso J. J. Moser, Europäisches Völkerrecht in Kriegszeiten, 1752, S. 87. Vgl. H. Wehberg, RdC 1951, S. 25; ders., Krieg und Eroberung im Wandel des Völkerrechts, Frankfurt 1953, S. 21 ff.

[36] Siehe Verdross, Völkerrecht, 5. Aufl., S. 346; Josef L. Kunz, Art. „Kriegsbegriff" im Wörterbuch d. Völkerrechts, hersg. v. Schlochauer, 2. Aufl., Bd. 2, Berlin 1961, S. 330 f.; ders., Bellum Justum and Bellum Legale, AmJIL 45 (1950), S. 528 ff. Unzweifelhaft bestand jedenfalls vor 1914 kein völkerrechtliches Rechtsgebot, das der Entschließung einer Regierung für den Krieg entgegenstand. Das ist allgemein heute anerkannt: Vgl. H. Wehberg, Krieg und Eroberung, S. 27 f.; Max Huber, Rückblick u. Ausblick. Gesammelte Aufsätze, Bd. IV, Zürich 1957, S. 308 f.; E. Lauterpacht, ProcAmSocIL 62 (1968), S. 61; Schwarzenberger, The Law of Armed Conflict, S. 38.

Schranken der Kriegführung [37]. In diesem Konzept hatte die Neutralität einen begründeten Platz. Indem sie die Ausdehnung des Krieges limitierte und in besonderer Weise zwischen den Kriegführenden den Gedanken der Friedensordnung und des Ausgleichs offenhielt, erfüllte sie eine wichtige Rolle in der Begrenzung der Kriegswirkungen und konnte nicht dem Vorwurf ausgesetzt sein, daß die Zurückhaltung von der Beteiligung die Verhütung des Krieges außer acht lasse, weil dies letztere kein rechtlich gestelltes Ziel in der Zeit vor 1914 darstellte.

b) In dieser Hinsicht kam der Neutralität zustatten, daß zwischen 1815 und 1914 in der Welt stets nur lokal begrenzte Kriege geführt wurden, denen gegenüber an sich die Position der Neutralen stärker ist, und in denen daher die positiven Wirkungen der Neutralität sich deutlicher zeigen konnten. In diesen Kriegen, die als Machtkämpfe aufgefaßt wurden, traten auch die moralischen Bewertungen eher zurück und die Unparteilichkeit des Neutralen erhielt daher ihr eigentliches Gewicht.

c) Es kam endlich der Neutralität zugute, daß sich das Völkerrecht des 19. Jahrhunderts in einer Sphäre enger Gemeinsamkeit der Staaten ausbildete, wie sie das damalige Europa darstellte. In dieser auf einer gemeinsamen rechtlichen Tradition beruhenden europäischen Staatengemeinschaft konnten rechtliche Institutionen leichter wachsen. Über die Einhaltung der bestehenden Regeln aber wachte das aus den großen Mächten bestehende Europäische Konzert, dessen Bestand auch die Kriegführenden im Rahmen der europäischen Ordnung in Grenzen hielt [38]. Die Neutralität, vor allem in der Form der dauernden Neutralität, ist immer mit dem Gedanken des Gleichgewichts der Staatenordnung eng verbunden gewesen. Ungeachtet aller Veränderungen blieb der Bestand und die Anpassung eines Gleichgewichtssystems aber die Grundlage der europäischen Politik bis zum Ersten Weltkrieg [39]. Auch in der Gegenwart hängt das Wiedererstarken des Neutralitätsgedankens mit der Rückkehr zu einem – nunmehr freilich weltpolitischen – Gleichgewichtsdenken zusammen.

Es war im Grunde auch das Werk der großen Mächte, daß auf der zweiten Haager Friedenskonferenz von 1907 das Land- und das Seeneutralitätsrecht in zwei Konventionen niedergelegt wurde. Sie bilden neben den Regeln des Gewohnheitsrechts die entscheidende Grundlage des traditionellen Neutralitätsrechts bis zur Gegenwart, wenn auch für sie wie für alle kriegsrechtlichen

[37] Zu den das 19. Jahrhundert durchdringenden humanitären Bestrebungen sowie den Friedensbemühungen siehe F. H. Hinsley, Power and the Pursuit of Peace, Cambridge 1963, S. 92 ff., 114 ff.

[38] Hierzu Hinsley, a.a.O., S. 213 ff.

[39] Vgl. Bonjour, Europäisches Gleichgewicht und schweizerische Neutralität, Basel 1926.

Bestimmungen der Zeit vor 1914 die Frage sich stellt, inwiefern ihre Regeln sich neueren Wandlungen der Verhältnisse wie der Rechtsauffassung anzupassen haben [40].

Wenn wir uns dem Inhalt des im 19. Jahrhundert ausgebildeten Neutralitätsrechts zuwenden, so lassen sich folgende Grundlagen dieses Rechts feststellen [41]:

a) Das entscheidende Prinzip der Neutralität bildet die Unparteilichkeit gegenüber den Kriegführenden, vor allem auf militärischem Gebiete. Aus diesem Grundsatz entspringt die Pflicht, sich einer aktiven Unterstützung der Kriegführenden zu enthalten [42]. Diese Pflicht erlegt den Neutralen auf, nicht am Kampfe durch eigene Kräfte oder durch militärische Hilfeleistung für einen Kriegführenden teilzunehmen. Sie können Einzelpersonen nicht hindern, sich den Streitkräften eines Kriegführenden anzuschließen. Doch wird weder Werbung noch eine Gruppenausbildung auf ihrem Gebiete zugelassen werden dürfen. Die Bindung der Neutralität trifft, hierin wirkt sich in den Abkommen von 1907 die Staats- und Wirtschaftsauffassung jener Epoche aus, nur den Staat, nicht seine Angehörigen. Der neutrale Staat muß sich auch einer wirtschaftlichen oder finanziellen Unterstützung enthalten, darf also nicht Staatsanleihen gewähren (anders bei handelspolitischen Krediten des friedlichen Austauschs und Verrechnungskrediten) oder Waffen aus Staatshand abgeben. Die Konventionen von 1907 setzen aber eine freie Wirtschaft voraus und unterbinden daher weder die Ausfuhr und Durchfuhr von Waffen und Kriegsmaterial noch ihre Lieferung durch private Firmen des neutralen Landes (V. Abk. Art. 7) [43]. Sie ordnen aber an (Art. 9 des V.

[40] Zur Fortgeltung der V. und XIII. Haager Konvention von 1907 und zu der notwendigen Anpassung an die gewandelte Lage siehe Haug, a.a.O., S. 13 f.; Utta Plessow, Neutralität und Assoziation mit der EWG, Kölner Schriften zum Europarecht, Bd. 8, Köln 1967, S. 18 ff.

[41] Für eine Zusammenfassung der Neutralitätspflichten und der Stellung der Neutralen siehe aus der neueren Literatur: Josef L. Kunz, Kriegsrecht und Neutralitätsrecht, Wien 1935, S. 244 ff.; Guggenheim, Traité, Bd. 2, S. 515 ff.; Bindschedler, ZaöRuVR 17 (1956), S. 15 ff.; ders., ZaöRuVR 28 (1968), S. 1 ff.; M. Greenspan, The Modern Law of Land Warfare, Berkeley 1959, S. 532 ff.; Haug, Neutralität und Völkergemeinschaft, Zürich 1962, S. 11 ff.; Schindler jun., RdC 121 (1967 II), S. 229 f. Wichtig vor allem die offizielle Definition der Neutralitätspflichten durch das eidgenöss. Politische Departement v. 26. 11. 1954 (SchweizJbIntR 1957, S. 195 ff.).

[42] Die aus dem Satz der Gleichbehandlung fließenden Pflichten des Neutralen treffen also in erster Linie nur das militärische Verhalten. So auch Guggenheim, Völkerbund, Dumbarton Oaks usw., S. 68.

[43] Zu der Fundierung des geltenden Neutralitätsrechts auf eine Trennung zwischen dem Verhalten des Staates und dem seiner Bürger und der freien Wirtschaft siehe Guggenheim, Traité, Bd. 2, S. 517 ff.; Schindler sen., Festschrift Max Huber, 1944, S. 107. Diese Regelung führt zu unglücklichen Konsequenzen bei Ländern mit Staatshandel. Vgl. Stone, a.a.O., S. 411; Seidl-Hohenveldern, JbIntR, 1962, S. 416 f.; Ginther, JuBl, 1965, S. 306 f.;

und XIII. Abk.), daß alle Einschränkungen und Lenkungsmaßnahmen, die der neutrale Staat im Verkehr mit den Kriegführenden vornimmt, gleichmäßig gestaltet sein müssen. Man wird hier wieder hinzufügen dürfen, daß Unterschiede, die sich im wirtschaftlichen Verkehr mit den Kriegsparteien aus der geographischen oder strukturellen Lage (z. B. Umzingelung der Schweiz im Zweiten Weltkrieg, Wegfall der Handelsmöglichkeit mit den Zentralmächten für die USA im Ersten Weltkrieg) ergeben, die Pflicht der Unparteilichkeit nicht verletzen. Eine Erhaltung der normalen Handelsströme mag angestrebt werden, wird sich aber sicherlich in einem längeren Konflikt nicht aufrechterhalten lassen [44].

Es entspricht der in den positiven Normen des Neutralitätsrechts vorausgesetzten Ordnung der Staaten, die auf einer Trennung des öffentlichen vom privaten Bereich basiert, daß die Pflicht zur Unparteilichkeit sich nicht auf dasjenige Verhalten der Bürger erstreckt, für das in einem freien Gemeinwesen der Staat keine Verantwortung trägt. Das gilt vor allem für die öffentliche Meinung. Hier wird der neutrale Staat selbst in eigenen Äußerungen sich zurückzuhalten haben, eine Beschränkung der Presse und der Meinungsäußerung seiner Bürger kann indes nicht von ihm gefordert werden. Es gibt keine Pflicht zu ideologischer oder politischer Neutralität [45]. Es liegt auf einem anderen Felde, wenn der neutrale Staat aus politischen Gründen gewisse Begrenzungen der Äußerung während eines Konfliktes zu sichern bemüht sein mag [46].

Schindler jun., RdC 1967 II, S. 232. Sie ist im Blick auf den Wirtschaftskrieg in beiden Weltkonflikten dahin zu verstehen, daß der neutrale Staat genötigt sein wird, eine weitgehende Lenkung seiner Wirtschaft auszuüben; er kann dadurch aber nicht zu formaler Gleichbehandlung der Kriegsparteien gehalten sein, sondern nur zu einem Ausgleich ihrer Interessen. Die Schweiz hat eine solche Haltung in beiden Kriegen eingenommen, ohne daß daraus eine Forderung auf „wirtschaftliche Neutralität" oder eine formale Gleichstellung beider Parteien hergeleitet werden kann. Vgl. Haug, a.a.O., S. 28 ff. Eine vorsichtige Neutralitätspolitik hat Staaten indes veranlaßt, auch den privaten Waffenhandel in gewissem Umfang zu kontrollieren. Für die Schweiz siehe Bundesgerichtshofsurteil, SchweizJBIntR 9 (1952), S. 166 f., und allgemein Seidl-Hohenveldern, a.a.O., S. 414 ff.

[44] In diesem Sinne auch Haug, a.a.O., S. 24 ff.; Greenspan, a.a.O., S. 547 ff.; Kaja, AVölkR 11 (1963/64), S. 41 ff.

[45] Vgl. Guggenheim, Traité, Bd. 2, S. 540 ff.; Schindler sen., Neue Schweiz. Rdschau, 1939, S. 521 ff. Bericht des Bundesrates, Blatt 1947, Bd. 1, S. 109 ff.; Bonjour, Geschichte, Bd. II, S. 571 ff., Bd. III, S. 125 ff.; Haug, a.a.O., S. 32 ff.; Denise Robert, Etude sur la neutralité Suisse, Zürich 1950, S. 80 ff.; Erik Castrén, The Present Law of War and Neutrality, Helsinki 1954, S. 452 f.; Das gilt erst recht im Blick auf die Vorwirkung im Frieden für dauernd neutrale Staaten. Österreich wies daher zu Recht sowjetische und tschechoslowakische Einsprüche gegen eine in Wien abgehaltene Tagung von Sudetendeutschen 1959 zurück. Vgl. RGDIP 63 (1958), S. 510; ferner Schindler jun., RdC 1967 II, S. 236, Baltl, Probleme der Neutralität betrachtet am österreichischen Beispiel, Graz 1962, S. 56 f.

[46] Vgl. Bonjour, a.a.O., Bd. 1, S. 579 f.

Im Ganzen kann man diese erste Reihe von Pflichten als Pflichten der Unparteilichkeit und der Enthaltung von Teilnahme am Kampf oder an einer Begünstigung der Kriegführenden bezeichnen, denen der Gedanke der Unparteilichkeit zugrunde liegt [47].

b) Eine zweite Reihe von Pflichten der Neutralen geht dahin, ihr Gebiet der Benutzung durch die Kriegführenden zu entziehen. Das schließt im Rahmen des Möglichen und Zumutbaren auch die Pflicht zur eigenen Verteidigung gegen Verletzungen ein [48]. Jedenfalls ist seit dem 19. Jahrhundert der Durchzug kriegführender Truppen unstatthaft [49]. Streitkräfte, die dennoch das Gebiet betreten, sind zu internieren [50]. Auch im übrigen darf der Neutrale keine Stützpunkte – etwa für Nachrichtenempfang oder -sendung, Beobachtung, Radarüberwachung usw. gewähren. Die hier gegebene Abwehrpflicht erstreckt sich auch auf den Luftraum; die Verhinderung des Überfliegens ist in den Grenzen des Möglichen zu gewährleisten, wobei hinzuzufügen ist, daß in der heutigen Entwicklung des Völkerrechts zwar der friedliche Gebrauch von Erdsatelliten und Raketen, nicht aber ihre kriegerische Verwendung gestattet ist [51]. Doch erhebt sich heute die Frage, ob mit der Abgrenzung des Luftraums gegen den Weltraum nicht diese Pflicht endet [52]. Aus dieser Pflicht ist übrigens ein wichtiger Beitrag des Neutralitätsrechts zum allgemeinen Völkerrecht erwachsen. Bis zum Ersten Weltkrieg war strittig, ob nicht das Überfliegen des Staatsgebietes geduldet werden müsse. Die Haltung der Neutralen im Ersten Weltkrieg machte klar, daß die Hoheit der Staaten sich auch auf den Luftraum erstreckte [53].

c) Eine dritte Gruppe von Pflichten wurde für den Neutralen ausgebildet durch die Notwendigkeit, sich im Seekrieg den hier geltenden Beschränkungen für den Handel zu unterwerfen, für die die ältere Zeit die Institute der Konterbande und der Blockade ausgebildet hatte. Beide sind heute durch die Steigerung der Einwirkungen der Kriegführenden im modernen Wirtschaftskrieg weithin überholte Erscheinungen und es bleibt eine schwierige Frage,

[47] Siehe Schindler jun., a.a.O., S. 229; Haug, S. 15 f.

[48] Daß hier diese Pflicht in der Fähigkeit des Neutralen zur Abwehr begrenzt ist, ergibt sich aus Art. 3, 8, 25 der XIII. Haager Konvention, die insofern einen allgemeinen Satz ausspricht. So auch offizielle Definition d. Polit. Departement, SchweizJbIntR 14 (1957), S. 198; Bindschedler, ZaöRuVR 17, S. 17 ff.

[49] Guggenheim, Traité, Bd. 2, S. 521 ff. Siehe aber für Verwundete Gutachten Schindler sen., SchweizJbIntR 9 (1952), S. 169 ff.

[50] Greenspan, a.a.O., S. 553 ff.

[51] Vgl. hierzu J. E. S. Fawcett, International Law and the Uses of Outer Space, Manchester 1968, S. 6 f., 29 f. Siehe Outer Space Treaty 1966, Art. 4.

[52] Siehe Fawcett, a.a.O., S. 20.

[53] Vgl. Castrén, ZaöRuVR 14 (1951), S. 118 ff.; Bonjour, a.a.O., Bd. 1, S. 651.

wieweit diese weitgehenden Beschränkungen dem Völkerrecht entsprechen; faktisch wird der Neutrale sich ihnen kaum entziehen können [54].

Den Pflichten der Neutralen steht das Recht gegenüber, von den Kriegführenden Achtung vor ihrer Unabhängigkeit, Nichtbeteiligung und vor allem für ihr Gebiet zu fordern. Ferner hat der Neutrale grundsätzlich – im Rahmen der eben erwähnten Beschränkungen – das Recht zur Fortführung seines Handels und kann von Kriegführenden erwarten, daß sie seine notwendige Versorgung mit Nahrung und Rohstoffen zulassen [55].

Eine besondere Stellung nahmen im 19. Jahrhundert wie auch heute diejenigen Staaten ein, die auf Grund einseitiger Entschließung oder Vertrages eine dauernde Neutralität bewahrten. Das 19. Jahrhundert besaß für diese Einrichtung im Rahmen seines Gleichgewichtsdenkens viel Zuneigung [56]. Aber von den damals als Neutrale anerkannten oder auch garantierten Ländern ist nur die Schweiz übriggeblieben. Der permanent neutrale Staat ist auf Grund dieser Position schon im Frieden mit gewissen Vorwirkungen belastet. Er entscheidet nicht frei über die Aufgabe seiner Neutralität, er hat auch im Frieden zu unterlassen, was ihn – wie etwa ein militärisches Bündnis – in einen Krieg hineinziehen könnte [57]. Daher wird er vor allem eine die Rechtspflichten ergänzende freiwillige Neutralitätspolitik führen, die seine Haltung glaubhaft macht und absichert [58]. Man wird sagen können, daß Wesen und Gehalt der Neutralität im 19. Jahrhundert auch gerade von den dauernd neutralen Staaten entscheidend mitgeprägt worden ist, so wie sie, noch stärker fast, seither für Bestand und Auffassung der Neutralität maßgeblich gewesen sind.

[54] Vgl. zu diesen Problemen Bindschedler, ZaöRuVR 17, S. 22 ff.; Greenspan, a.a.O., S. 550 ff.; Stone, a.a.O., S. 457 ff.; meine Darlegungen im Wörterbuch d. Völkerrechts, 2. Aufl., Bd. III, S. 235 f.

[55] Zum Problem der Versorgung des Neutralen siehe die Lage der Schweiz im Ersten Weltkrieg: Bonjour, a.a.O., Bd. 2, S. 663 ff.

[56] Zu der Einrichtung neutraler und neutralisierter Staaten (Schweiz 1815, Krakau 1815 bis 1847, Belgien 1831/39–1918, Luxemburg 1867–1918, Ionische Inseln 1815/63, Kongo 1885–1908) siehe W. Krauel, Neutralität, Neutralisation und Befriedung, München 1915, S. 35 ff.; Fabela, Neutralité, Paris 1949, S. 15 ff., Schindler jun., RdC 121 (1967 II), S. 301; meine Darlegung Art. „Neutralisation" im Wörterbuch d. Völkerrechts, 2. Aufl., Bd. II, S. 586 ff.

[57] Zu den bereits in den Friedensstand hineinwirkenden „Vorwirkungen" der ständigen Neutralität siehe die offizielle Konzeption des eidgenöss. Polit. Departments, Schweiz. JBIntR, 1957, S. 196 f., die Pflichten in Friedenszeiten anerkennt. Von „Vorwirkungen" spricht Ginther, JuBl., 1965, S. 303 f.; Bindschedler, ZaöRuVR, hebt vor allem die sekundäre Pflicht hervor, nicht in den Krieg hineingezogen zu werden. Sie ferner K. Zemanek, JuBl 81 (1959), S. 249 ff.; Dutoit, a.a.O., S. 51; Verdross, ZaöRuVR 19 (1958), S. 512 ff.; Plessow, a.a.O., S. 28.

[58] Zur Unterscheidung von Neutralitätspflicht und – freigestalteter – Neutralitätspolitik siehe Max Huber, SchweizJbIntR 5 (1948), S. 9 ff.; Haug, a.a.O., S. 53 ff.

Zusammenfassend zeigt sich, wie sich im 19. Jahrhundert ein in sich geschlossenes und zwischen den widerstreitenden Interessen der Kriegführenden und Neutralen ausgewogenes Institut der Neutralität sich ausformte, das die älteren Ansätze zu voller Ausbildung brachte und im Rahmen der Staatenordnung eine wichtige und anerkannte Rolle zu spielen vermochte. Die damals ausgebildeten Grundsätze sind im Grundzug auch heute, soweit die Neutralität herkömmlicher Art fortbesteht, noch anwendbar. Wir müssen uns nunmehr der Frage zuwenden, inwieweit dies überlieferte Bild der Neutralität in der durch die Verfassung der Vereinten Nationen und das Kriegsverbot bestimmten Rechtsordnung noch Geltung besitzt.

III. Der Geltungsbereich der Neutralität in der Gegenwart

1. Völkerbundspakt und Charta der Vereinten Nationen

Der große Umschwung, der mit dem Ausgang des Ersten Weltkriegs sich gegen die überlieferte Kriegsauffassung und die freie Entschließung der Staaten über den Krieg als Mittel der Politik wandte, fand seinen wichtigsten Ausdruck im Völkerbundspakt. Die neue Lehre suchte den Krieg auszuschließen, indem sie die Pflicht zur friedlichen Beilegung von Differenzen auferlegte und für den Fall der Zuwiderhandlung die Solidarität der Staaten aufrief, sich kollektiv gegen einen Angreifer durch Sanktionen zu wenden. Mit diesem Zusammenstehen der Staatengemeinschaft gegen den Paktbrecher schien die herkömmliche Neutralität nicht zusammenzustimmen und so wurden schon in dieser Epoche Stimmen laut, daß die Einrichtung der Neutralität überholt oder jedenfalls stark gewandelt sei [59]. Freilich gewann in der Literatur schon bald eine andere Auffassung die Vorhand, die darlegte, daß das Recht des Genfer Paktes der Neutralität noch rechtlich wie tatsächlich einen erheblichen Raum beließ. Sie wies hin auf den Umstand, daß Nichtmitglieder der Liga nicht zur Abkehr von der Neutralität verpflichtet waren [60], daß die Satzung selbst in Art. 15 Abs. 6 und 7 gewisse Lücken im Kriegsverbot offenließ [61] und daß die Organe des Völkerbundes keine bindende Entscheidung über das Vorliegen eines Angriffs zu treffen vermochten, vielmehr hier der Einzelstaat zum letzten Urteil berufen war [62].

[59] In diesem Sinne führend Quincy Wright, The Future of Neutrality, Int. Conciliation, 1928, S. 353 ff.; Politis, La neutralité et la paix.

[60] In damaliger Zeit wurde die Auffassung, auch Nichtmitglieder könnten durch den Pakt gebunden sein, kaum vertreten. Vgl. Whitton, RdC 17 (1927 II), S. 490 ff., 498; Komarnicki, RdC 80 (1952 I), S. 422 ff. Während seines Bestandes gehörten stets mehrere Großmächte dem Völkerbund nicht an.

[61] Der Völkerbundspakt erlaubte in Art. 15 Abs. 7 den Krieg bei Fehlen einer einstimmigen Ratsentscheidung. Und praktisch konnte ein Konflikt entstehen, wenn ein Staat sich nicht der einstimmigen Entscheidung fügte, dann durften gegen den durch den Beschluß begünstigten Staat Mitglieder nicht zum Kriege schreiten; nahm dieser Staat aber gegen den anderen Teil Gewalthandlungen vor, so blieb den Mitgliedern der Liga nur die Neutralität. Vgl. Komarnicki, RdC 80, S. 428 ff.; Whitton, RdC 17, S. 79 ff.; Wehberg, Krieg und Eroberung, S. 30 ff.

[62] Nach der herrschenden Auffassung vermochte kein Organ des Völkerbundes eine für die Mitglieder verbindliche Entscheidung über den Angreifer zu treffen. Vgl. Komarnicki, S. 427; Boye, RdC 64 (1938 II), S. 219 f.

Für den Fall der Verhängung von Sanktionen wurde allerdings von vielen die Meinung vertreten, daß in diesem Falle die Mitglieder des Bundes gegenüber dem mit Sanktionen überzogenen Lande zu einer differentiellen oder qualifizierten Neutralität verpflichtet oder jedenfalls berechtigt seien [63]. Am Ausgang der Zwischenkriegszeit, nach dem Scheitern der wirtschaftlichen Sanktionen gegen Italien, war die theoretische und praktische Rückkehr zu dem Gedanken einer vollen Neutralität stark ausgeprägt [64]. In der Praxis der Periode von 1919 bis 1939 blieb die Neutralität in internationalen bilateralen und multilateralen Verträgen [65] und in Erklärungen der Staaten [66] anerkannt [67].

Während des Zweiten Weltkrieges erfuhr die Neutralität anfangs eine deutliche Betonung. Im Laufe des Ringens aber, und angesichts der Nichtachtung der Neutralität durch das Vorgehen der Achsenmächte, trat sie zurück. Mehrere Länder zogen es vor, sich als „Nichtkriegführende" zu erklären und eine differentielle Haltung einzunehmen [68]. Am Ende des Kampfes waren nur mehr wenige neutrale Staaten verblieben.

Die Zeit nach dem Ende des Zweiten Weltkrieges, in der die Verfassung der Vereinten Nationen beschlossen wurde, stand daher im Zeichen einer Erneuerung des Gedankens des Kriegsverbots und der kollektiven Sicher-

[63] So insbesondere Whitton, a.a.O., S. 500 ff.; Harvard Draft on the Duties of States in Case of Aggression, AmJIL (1939), Suppl., S. 169 ff.; Komarnicki, S. 440 ff.

[64] Zu dieser Umkehr der politischen Anschauung, die in der Annahme voller Neutralität durch die Schweiz, Belgien, die Niederlande und die skandinavischen Staaten ihren Ausdruck fand, siehe Schindler sen., ZaöRuVR 8 (1938), S. 413 ff.; Hambro, dort S. 445 ff.; Boye, a.a.O., S. 227 f.

[65] Die Sowjetunion schloß in den 20er und 30er Jahren mit vielen ihrer Nachbarn (Persien, Türkei, Afghanistan, Polen u. d. baltischen Ländern) Nichtangriffs- und Neutralitätsverträge, die ausdrücklich die Neutralität im Falle eines Angriffs auf einen Teil stipulieren. Siehe Fiedler, Der sowjetische Neutralitätsbegriff in Theorie und Praxis, Köln 1959, S. 129 ff. Auch der Berliner Vertrag zwischen der UdSSR und dem Dt. Reich v. 24. 4. 1926 sieht eine Neutralität vor. Der Status der Neutralität bildete den Gegenstand mehrerer interamerikanischer Abkommen, z. B. der Konvention über maritime Neutralität von Habana vom 23. 2. 1928 oder des Abkommens über Nichtangriff und Versöhnung von Rio de Janeiro vom 10. 10. 1933. Auch in anderen Verträgen wurde auf den Stand der Neutralität ausdrücklich Bezug genommen. Vgl. meine Zusammenstellung in Intern. Law Association, Bd. 40 (1938), S. 285, 294.

[66] Im Jahre 1920 gab das Deutsche Reich eine Neutralitätserklärung im russisch-polnischen Kriege ab. Die Entscheidung des Ständ. Intern. Gerichtshofs im Fall Wimbledon erkennt diese Haltung an, stellt sie aber für den Kieler Kanal hinter der durch Art. 380 Versailler Vertrag angeordneten Offenhaltung zurück. Vgl. PCIJ, Reports Series A 1, S. 28. Im Jahre 1933 erklärten im Kampf zwischen Bolivien und Paraguay im Chaco mehrere Nachbarstaaten ihre Neutralität. Vgl. meine Darlegung Int. Law Ass. Bd. 40, S. 292.

[67] Überblick der Praxis in meiner Darlegung a.a.O., S. 283 ff.; Komarnicki, a.a.O., S. 450 ff.; Ørvik, Decline of Neutrality, S. 132 ff. Fabela, Neutralité, S. 93 ff.

[68] Zur Entwicklung im Zweiten Weltkriege siehe Komarnicki, a.a.O., S. 450 ff.

heit. Im Unterschied zu dem Völkerbundpakt, dessen Lücken auch der Kellog-Pakt von 1928 nur hinsichtlich des generellen Kriegsverbotes hatte schließen können, läßt die Charta der Vereinten Nationen keinen Raum für die nicht durch die Weltorganisation erlaubte oder als Selbstverteidigung gemäß Art. 51 der Satzung zu rechtfertigende Gewaltanwendung [69]. Dementsprechend ist auch das System der Maßnahmen, die die Organe der Vereinten Nationen gegen einen Angreifer anwenden können, im VII. Kapitel der Charta weit ausgebaut. Die entscheidende Rolle fällt dem Sicherheitsrat zu. Er kann bei einem Angriffsakt, einem Friedensbruch oder einer drohenden Gefahr für den Frieden Entscheidungen treffen, die für die Mitglieder verbindlich sind. Sie können nach den Art. 41–43 wirtschaftliche Zwangsmaßnahmen wie militärische Sanktionen einschließen. Für die Mitglieder ergibt sich daraus die Verpflichtung (Art. 25, 48, 49), an den Maßregeln teilzunehmen oder sie jedenfalls zu unterstützen. Die Verpflichtungen der Mitglieder sind gewiß an Voraussetzungen gebunden. Nur der Sicherheitsrat kann bindende Entscheidungen erlassen und dies nur bei Feststellung eines Bruches oder einer Bedrohung des Friedens; er kann sich auch mit Empfehlungen begnügen, die nicht obligatorisch sind. Die Generalversammlung kann keine bindende Entscheidung treffen, weder über das Vorliegen eines Angriffs oder Friedensbruches noch über Zwangsmaßnahmen; sie kann freilich Empfehlungen geben. Militärische Pflichten eines Mitgliedes entstehen erst, wenn es sich gemäß Art. 43 zur Gestellung bewaffneter Streitkräfte verpflichtet hat; solche Verpflichtungen sind bisher nicht abgeschlossen worden [70]. Auf der anderen Seite ging die Absicht der Verfasser der Charta in Art. 2 Abs. 6 dahin, auch die nicht zum Bunde gehörenden Staaten zur Befolgung der Maßregeln der Vereinten Nationen, mindestens jedenfalls zur Unterstützung der Beschlüsse ihrer Organe, zu verbinden [71].

Unzweifelhaft ist dieses System der Charta vollständiger und stärker ausgebaut als es bei dem Völkerbund der Fall war. Es war daher folgerichtig, daß sich nunmehr zahlreiche Autoren dahin aussprachen, daß mit diesen Mitgliedspflichten möglicherweise noch eine differentielle Fernhaltung vom

[69] Zur Einschränkung der Gewaltanwendung siehe Jan Brownlie, International Law and the Use of Force by States, Oxford 1963, S. 214 ff., 361 ff.; Rosalyn Higgins, The Development of International Law through the Political Organs of the United Nations, Oxford 1963, S. 167 ff.

[70] Übersicht über das Sanktionssystem der U. N. bei Verdross, Völkerrecht, 5. Aufl., S. 648 ff. Sørensen (Hrsg.), Manual of Public International Law, 1968, S. 785 ff. (Skubiszewski).

[71] Vgl. die Betonung der Unvereinbarkeit einer traditionellen Neutralität mit der Charta bei Chaumont, RdC 89 (1956 I), S. 21; Fabela, Neutralité, S. 150 ff.; Brownlie, a.a.O., S. 403 f. sowie ferner die in Anm. 11 Genannten.

Kampfe, nicht aber eine Neutralität traditionellen Stiles vereinbar sei. Im Grunde hat sich freilich an diesem Punkte die Entwicklung der Zwischenperiode zwischen den beiden Weltkriegen in gewissem Umfang wiederholt. Der Anfangszeit, in der die neue rechtliche Lage in allen ihren Konsequenzen durchdacht und als maßgebend angenommen wurde, folgte im Abstand einiger Jahre eine kritische Betrachtung, die den Blick schärfer auf Unvollkommenheiten der rechtlichen Lage und vor allem auf die seither gewonnene Erfahrung richtete. Ebenso wie nach 1919 sich nach einer Weile Stimmen erhoben, die den herkömmlichen Rechtsbegriffen wieder einen bedeutsamen Anwendungsraum zuwiesen, so ist dies auch heute der Fall. Das Sicherheitssystem der Vereinten Nationen ist in seiner militärischen Seite nur ein einziges Mal, im Korea-Konflikt, zur Anwendung gelangt, und auch hier bestehen sowohl hinsichtlich der rechtmäßigen Entscheidung wie der Anwendung bestimmte Qualifikationen [72]. Seither hat in Fällen, in denen friedensbedrohende Akte erfolgten, die Einlegung des Vetos eine verbindliche Entscheidung des Sicherheitsrates verhindert [73]. Unter diesen Umständen hat sich nun auch im Blick auf die Verfassung der Vereinten Nationen und ihre Anwendung in der Lehre eine Auffassung entwickelt, die entgegen den ursprünglichen Absichten und Annahmen zu der Feststellung gelangt, daß in rechtlicher wie in tatsächlicher Hinsicht der Möglichkeit von Konflikten und in ihnen auch der Neutralität ein Raum verblieben ist [74]. Ihr wollen wir uns nunmehr zuwenden.

[72] Die Entscheidungen des Sicherheitsrates vom 25. und 27. 6. 1950 waren nur wirksam, wenn man das abwesende ständige Mitglied des Sicherheitsrates nicht mitzählte. Vgl. Kelsen, Law of the Un. Nations, S. 927 ff.; J. L. Kunz, AmJIL 45 (1951), S. 152 ff.; Brownlie, a.a.O., S. 334; Green, ArchVR6 (1956/57), S. 418 ff.

[73] Hier darf vor allem hingewiesen werden auf das Nichteingreifen des Sicherheitsrates im Suez-Konflikt und in Ungarn 1956, in den Konflikten in Vietnam vor 1954 und seither oder auf den Krieg zwischen Indien und Pakistan 1965 und den Krieg zwischen Israel und seinen Nachbarn 1967. Das einzige weitere Beispiel der Beschlußfassung des Sicherheitsrates für Sanktionen (wirtschaftlicher Natur) bildet das Vorgehen gegen Rhodesien auf Grund der Resolutionen v. 9. 4. 1966 (S/221) und 16. 12. 1966 (S/231), in denen die ausdrückliche Feststellung enthalten ist, „that the resulting situation constitutes a threat to peace“ (Res. S/221). Zur Bedeutung dieser Resolutionen, auch in kritischer Hinsicht in bezug auf das Vorliegen einer Friedensstörung siehe Bindschedler, ZaöRuVR Nr. 28 (1968), S. 7 ff.; Zemanek, dort S. 29; Wengler, Das völkerrechtliche Gewaltverbot, Berlin 1967, S. 39 f.; J. E. S. Fawcett, BrYBIL 41 (1965/66), S. 109 ff. Der französische Delegierte bei den U. N., Seydoux, lehnte die beiden Resolutionen ab. Vgl. RGDIP 71 (1967), S. 47.

2. *Fortbestand der Neutralität unter der Charta*

Die Ansicht eines großen Teiles der neueren Lehre, in der sich ähnlich wie nach dem Ersten Weltkriege eine Rückkehr zu einer Anerkennung der Neutralität und eine Feststellung ihrer Anwendbarkeit in einem erheblichen Umfang vollzieht, stützt sich auf zwei Gruppen von Argumenten. Einmal ergibt eine genauere Prüfung der rechtlichen Lage, daß nur dann für die Mitglieder der Vereinten Nationen grundsätzlich eine Neutralität überlieferter Form nicht einzuhalten ist, wenn der Sicherheitsrat Entscheidungen im Rahmen des Kap. VII der Charta trifft und militärische oder wirtschaftliche Zwangsmaßnahmen verhängt werden. Aber es bleiben dennoch Fälle, in denen diese Voraussetzungen nicht erfüllt sind und der Weg zu einer neutralen Position offenbleibt. Zum andern aber hat sich auch in der Gegenwart gezeigt, daß die Hoffnungen, die man auf das kollektive Sicherheitssystem gesetzt hat, tatsächlich nicht erfüllt werden, und daß daher in der Staatenwelt viel stärker noch die traditionellen Rechtsvorstellungen ihre Geltung behalten. Wenn wir zunächst die Punkte ins Auge fassen, in denen sich bereits aus rechtlichen Gründen eine Anwendung der Neutralität öffnet, so ist hierzu zu bemerken:

a) Die Regelung der Charta vermag nur die Mitglieder der Vereinten Nationen zu binden. Nichtmitglieder sind nicht zu einer Beteiligung an Zwangsmaßnahmen oder zu ihrer Unterstützung verpflichtet. Zwar haben eine Anzahl Autoren aus Art. 2 Abs. 6 der Satzung schließen wollen, daß auch Nichtmitglieder gebunden seien; darüber hinaus wird diese Bindung daraus abgeleitet, daß das Recht der Vereinten Nationen allgemeines Völkerrecht darstelle [75]. Hier wird ein grundlegendes Problem der völkerrechtlichen Rechtsquellenlehre und der Struktur der internationalen Ordnung berührt. Es besteht heute fraglos weithin eine gewisse Neigung, innerhalb der Vereinten Nationen gebildetes Recht einfach auf die gesamte Staatengemeinschaft zu erstrecken. Man verweist dabei darauf, daß es auch Verträge zu Lasten Dritter geben könne. Doch hält diese Auffassung gegenüber den zum Vertragsrecht und den Verträgen zu Lasten Dritter bestehenden Ansichten nicht stand; im Blick auf die Unabhängigkeit des Einzelstaates kann

[74] Zum Wiederaufleben des Neutralitätsgedankens siehe Verdross, JuBl 77 (1955), S. 346 f.; Baltl, Probleme der Neutralität, S. 30; Schindler jun., RdC 121 (1967 II), S. 248.

[75] In diesem Sinne Soder, Die VN und die Nichtmitglieder, 1956. Waldock, RdC 106 (1962), S. 38; Bishop, RdC 115 (1965 II), S. 217, 219. Vorsichtiger hingegen (Resolutionen der U. N. können unter bestimmten Umständen die Entstehung von Gewohnheit begünstigen und fördern): Virally in: Sørensen, Manual of Public International Law, S. 160 ff.; Brownlie, Principles of International Law, Oxford 1966, S. 11 f. Sørensen, RdC 101 (1960 II), S. 91 ff.

es eine solche Bindung nicht geben [76]. Noch weniger überzeugend ist der Gedanke, mit der Gründung der Vereinten Nationen habe sich eine Art revolutionärer Wandlung im Völkerrecht vollzogen; die Charta sei nun die Verfassung der Völkergemeinschaft [77]. Auch diese Meinung läßt sich nicht verteidigen. Eine Umgestaltung der Staatengemeinschaft im Sinne einer Aufrichtung einer sie überwölbenden neuen Einheit hat mit der Gründung der Vereinten Nationen nicht stattgefunden. Die Charta selbst erkennt in Art. 2 Ziff. 1 die „sovereign equality" ihrer Mitglieder als fundamentales Prinzip an. Daraus ergibt sich aber, daß kein Staat ohne seine Zustimmung durch Beschlüsse und Satzungen einer Staatenvereinigung, der er nicht angehört, gebunden werden kann. Es bleibt im gegenwärtigen Völkerrecht der herkömmliche Unterschied zwischen den Normen des allgemeinen Völkerrechts und dem auf die Mitglieder beschränkten Verfassungsrecht der Vereinten Nationen bestehen. Beschlüsse der Vereinten Nationen mögen, wenn sie von großen Mehrheiten getragen werden, zu rascher Bildung von Gewohnheitsrecht beitragen können, das dann auch Außenstehende bindet. Aber für sich selbst bindet weder die Satzung noch binden Beschlüsse der Vereinten Nationen die Nichtmitglieder [78].

Daher kann für die Nichtmitglieder der Staatenorganisation eine volle Neutralität fortbestehen. Es ist dieser Umstand, der die Schweiz veranlaßt hat, sich den U. N. nicht anzuschließen [79].

b) Eine bindende Verpflichtung kann für die Mitglieder der Vereinten Nationen nur durch Entscheidungen des Sicherheitsrates im Rahmen des Kap. VII der Charta begründet werden. Nimmt der Sicherheitsrat keine Stellung, weil er seine Beratungen nicht zu einer Entscheidung führt – eine solche Haltung hat er im indisch-pakistanischen Kriege 1965 wie auch in den Konflikten im Nahen Osten eingenommen [80] – oder vermag er nicht zu entscheiden, weil eine der großen Mächte ihr Veto ausübt, so entsteht für die Mitglieder keine verbindliche Festlegung. Sie können gemäß Art. 51 einem

[76] In diesem Sinne auch das von der Wiener Konferenz angenommene Law of Treaties. Vgl. ZaöRuVR 27 (1967), S. 570, Art. 31; Vgl. auch Sørensen, RdC 101, S. 74 ff.; Bindschedler, ZaöRuVR 28 (1968), S. 5 f.; v. Schenck, ZaöRuVR 29 (1968), S. 270 ff.

[78] Zur Unterscheidung des allgemeinen Völkerrechts und des Rechts der Vereinten Nationen siehe Chaumont, RdC 89 (1956 I), S. 54; Castren, a.a.O., S. 433; Haug, a.a.O., S. 98; meine Darlegungen Festschr. Bilfinger, Köln 1954, S. 371 ff. Zur Möglichkeit eines Erwachsens von Resolutionen der U. N. in Gewohnheitsrecht siehe Brownlie, Principles of International Law, S. 11 f.

[79] Die Möglichkeit einer echten Neutralität für Nichtmitglieder der U. N. wird auch anerkannt von Chaumont, RdC 89, S. 54; Taubenfeld, AmJIL 47 (1953), S. 383, 386; Lalive, BrYBIL 24 (1947), S. 84 f.; Haug, a.a.O., S. 98 f.

[80] In diesen Konflikten hat der Sicherheitsrat Kampfeinstellung gefordert und andere Maßregeln getroffen; aber er hat keine Entscheidung über einen Angriff getroffen und keinerlei Sanktionen vorgesehen.

angegriffenen Staat Beistand leisten, sie können aber auch Neutralität bewahren [81].

c) Sieht der Sicherheitsrat davon ab, eine verbindliche Entscheidung entsprechend den Normen des VII. Kapitels der Satzung zu treffen, und begnügt sich mit Empfehlungen, oder gehen solche Empfehlungen von der Generalversammlung aus, so entsteht für die Mitglieder keine bindende Verpflichtung, sich diesen Empfehlungen zu unterwerfen. Sie können dies tun und mögen dann im Rahmen einer Aktion der Vereinten Nationen sich an wirtschaftlichen oder auch militärischen Aktionen beteiligen. Sie können sich aber auch dessen enthalten, Neutralität bewahren, ihrem eigenen Urteil in der Sache folgen [82]. Freilich kann hier die Frage entstehen, ob die Mitglieder der Vereinten Nationen in einem solchen Falle nicht wenigstens gemäß Art. 2 Ziff. 5 verpflichtet sind, die Maßnahmen der Organisation zu unterstützen und keine Hilfe für den Staat zu leisten, gegen den die Vereinten Nationen vorgehen [83].

d) Trifft der Sicherheitsrat Entscheidungen im Rahmen des VII. Kapitels der Satzung und läßt er ihnen Maßregeln wirtschaftlicher oder militärischer Art folgen, die sich auf Art. 41 oder 42 der Charta stützen, so werden damit allerdings die Mitglieder gebunden und in diesem Falle wird die Beobachtung der Neutralität mit den Verpflichtungen aus der Verfassung der U. N. unvereinbar [84]. Aber auch in diesem Falle wird rechtlich die Möglichkeit einer Neutralität nicht ausgeschlossen. Werden nur wirtschaftliche Sanktionen verhängt, so mag die Beteiligung an ihnen eine, wenn auch differentielle, Neutralität denkbar erscheinen lassen. Die Frage, ob man eine solche Haltung noch als neutral bezeichnen könnte, wird freilich Zweifeln unterliegen können. Für eine zu dauernder Neutralität verpflichtete Macht würde eine solche Teilnahme an wirtschaftlichen Zwangsmaßnahmen schwerlich mit ihrer Grundhaltung übereinstimmen. In der Zeit des Völkerbundes ist auch die Schweiz, die zunächst eine wirtschaftliche Teilnahme an Zwangsvorkehrungen für mit ihrem Status vereinbar hielt, von dieser Auffassung zurückgekommen.

[81] Vgl. in diesem Sinne Komarnicky, RdC 80, S. 493 ff.; Bindschedler, ZaöRuVR 17, S. 29; v. d. Heydte, Völkerrecht, Köln 1960, Bd. 2, S. 279; L. Delbez, Les principes généraux du droit international public, 3. Aufl., Paris 1964, S. 569; G. v. Glahn, Law among Nations, New York 1965, S. 629; William W. Bishop, RdC 115 (1965 II), S. 449; Schindler jun., RdC 121 (1967 II), S. 48.

[82] Zu diesem Fall vgl. die in Anm. 81 Genannten und Haug, a.a.O., S. 98.

[83] Zu dieser Unterstützungspflicht siehe Taubenfeld, AmJIL 47 (1953), S. 393 f.; Guggenheim, Völkerbund, Dumbarton Oaks usw., S. 55 ff.

[84] Vgl. Komarnicki, RdC 80, S. 472; Potter, AmJIL 50 (1956), S. 102; L. Henkin, AmSocIL 57 (1963), S. 161; Starke, Introduction to International Law, 5. Aufl., 1963, S. 438 f.

Bei militärischen Zwangsmaßnahmen liegen freilich wiederum besondere Verhältnisse vor. Nach der Charta sind zur Teilnahme nur Staaten verpflichtet, mit denen der Sicherheitsrat gemäß Art. 43 Abkommen über Streitkräfte geschlossen hat. Außerhalb solcher Abmachungen über Gestellung von Kräften – der Sicherheitsrat hat bisher kein solches Übereinkommen getroffen – besteht wiederum keine Pflicht zur Teilnahme. So öffnet sich hier eine Möglichkeit der Neutralität, freilich einer differentiellen, da die Unterstützung der Maßregeln Pflicht bleibt [85]. Indes zeigt sich noch eine andere Möglichkeit. Art. 48 der Charta überläßt es dem Sicherheitsrat zu entscheiden, ob sich an den Zwangsmaßnahmen alle oder nur einzelne Mitgliedstaaten beteiligen sollen. Er vermag also einen Staat wie von wirtschaftlichen so von militärischen Vorkehrungen freizustellen [86].

Exkurs II. Diese letztere Möglichkeit hat seit dem Beitritt Österreichs zu den Vereinten Nationen besondere Bedeutung gewonnen. Während sich die dauernd neutrale Schweiz von den Vereinten Nationen ferngehalten hat, um nicht in Konflikte verwickelt zu werden, ist 1955 Österreich kurz nach der Erklärung seiner ständigen Neutralität aufgenommen worden. Die österreichische Neutralität unterscheidet sich in ihrer rechtlichen Grundlage von der der Schweiz, deren Vorbild sie sonst annimmt. Im Rahmen der Vorgänge von 1814/15 wird man die Schweizer Neutralität als eine im Interesse der gesamten europäischen Ordnung von den Mächten anerkannte rechtliche Position bezeichnen können. Die großen Mächte erkannten in ihrer Erklärung vom 20. November 1815 die schweizerische Neutralität als eine bereits in der älteren Entwicklung befestigte Erscheinung an [87]. Die Verhandlungen, die dieser Erklärung vorausgingen, und die Annahme durch die Schweizer

[85] Vgl. zur Lage der Mitglieder gegenüber wirtschaftlichen Zwangsmaßnahmen Guggenheim, Traité, Bd. 2, S. 270 f.; Haug, a.a.O., S. 93. Die Verpflichtung zu militärischen Sanktionen setzt den Abschluß von Übereinkommen nach Art. 43 voraus. Vgl. Chaumont, RdC 89, S. 38 f.; Guggenheim, a.a.O., S. 272 f.; Verdross, Völkerrecht, 5. Aufl., S. 651; Schindler jun., RdC 121 (1967 II), S. 244. Daß auch der nicht durch Art. 43 gebundene Mitgliedstaat zur Unterstützung gemäß Art. 2 Ziff. 5,49 gehalten ist, ist anzuerkennen. Siehe Komarnicki, RdC 80, S. 477; Guggenheim, SchweizJbIntR 2 (1945), S. 41 ff.; v. d. Heydte, a.a.O., Bd. 2, S. 278 f. – Auf die Probleme, die sich aus Art. 106 und Art. 53 Abs. 1 der Charta ergeben (Eingriffsrechte der großen Mächte, die nicht Sanktionen sind, daher neutrales Verhalten zulassen), ist hier nicht einzugehen. Vgl. hierzu Chaumont, RdC 89. 41 ff.

[86] Zu dieser Ermächtigung des Sicherheitsrates Guggenheim, a.a.O., Bd. 2, S. 274; Delbez, a.a.O., S. 569; Chaumont, RdC 89, S. 35; Haug, a.a.O., S. 95; Schindler jun., RdC 121, S. 249; Verdross, RGDIP 60 (1957), S. 183.

[87] Das wird besonders betont von Gorgé, La Neutralité Helvétique, S. 113; Bonjour, a.a.O., Bd. 1, S. 218.

Kantone gaben ihr auch für die Schweiz bindenden Charakter [88]. In Verbindung mit der weiteren Bestätigung in Art. 435 des Versailler Vertrages von 1919 wird man daher hier von einer rechtlichen Entwicklung sprechen können, die den schweizerischen Status zu einem Bestandteil des droit public européen, der anerkannten europäischen Ordnung, gemacht hat [89]. Im österreichischen Falle beruht die Neutralität auf einer einseitig durch Verfassungsgesetz vom 26. Oktober 1955 proklamierten Entscheidung des betreffenden Staates [90]. Die Notifikation dieses Status an alle anderen Mächte und die Anerkennung durch diese hat aus dieser einseitigen Erklärung eine rechtlich bindende einseitige Verpflichtung werden lassen, wie sie im Völkerrecht aus solchen feierlichen einseitigen Erklärungen hervorgehen kann [91]. Als die Republik Österreich in die Vereinten Nationen aufgenommen wurde, ist keinerlei die Neutralität betreffende Erklärung abgegeben worden [91]. Doch wird man das Verhalten der Organe der Vereinten Nationen als eine stillschweigende Anerkennung des besonderen Status Österreichs ansehen können und die Großmächte bleiben daher verpflichtet, diesen Sonderstand auch künftig zu respektieren, wenn es sich um Beschlüsse der Staatenorganisation handelt [92] *(Ende des Exkurses).*

[88] Das wurde von einzelnen Schweizer Autoren (v. Waldkirch, Die dauernde Neutralität, 1926, S. 40 ff., u. a.) zugunsten voller Freiheit der Schweiz in Abrede gestellt. Andererseits nehmen einzelne Autoren eine eigentliche vertragliche Bindung an Neutralisation an, z. B. Krauel, Neutralität, Neutralisation und Befriedung, S. 38; Paulick, a.a.O., S. 53 f., dagegen Gorgé, a.a.O., S. 112. In dem Beitritt des Bundes zu der Erklärung wird man eine bindende Verpflichtung sehen dürfen, die nicht auferlegt, aber im Einvernehmen übernommen wurde. Gorgé spricht auch von einem Vertrage (a.a.O., S. 132).

[89] Im Blick darauf, daß schon die Akte von 1815 das europäische Interesse anführte und diese Erklärung und ihre Annahme in Art. 84 der Wiener Schlußakte vom 9. Juni 1815 erscheint, wird man gegenwärtig die Schweizer Neutralität als einen anerkannten auch für die Schweiz bindenden Bestandteil des europäischen Gesamtrechts bezeichnen können. So auch Denise Robert, Etude sur la Neutralité Suisse, 1950, S. 59 ff.; Haug, a.a.O., S. 39; Schindler jun., RdC 121, S. 303 f.

[90] Vgl. die Dokumente bei F. Ermacora, Österreichs Staatsvertrag und Neutralität, Frankfurt 1957, S. 96 ff.; Verdross, ZaöRuVR 19 (1958), S. 512 ff.; Marjorie M. Whiteman, Digest of International Law, Washington 1964, Bd. 3, S. 474 ff. Die dem Abschluß des Staatsvertrages der Mächte mit Österreich am 15. 5. 1955 vorhergehende Verhandlung Österreichs in Moskau im Mai 1955 trug nicht den Charakter bindender Absprache und Verpflichtung. Sie wird daher zu Unrecht als verpflichtende Basis der Neutralität in Anspruch genommen (so aber K. G. Idmann, RGDIP 63 (1959), S. 643; E. Bonjour, a.a.O., Bd. 1, S. 218; dagegen zutreffend Kipp, JuBl. 1960, S. 86; Verdross, ZaöRuVR 19 (1958), S. 515; Ders., Die immerwährende Neutralität der Rep. Österreich, Wien 1958, S. 11; de Nova, Friedens-Warte 54 (1958), S. 307.

[91] Hierzu vor allem de Nova, a.a.O., S. 298 ff.; meine Darlegung in: Schlochauer, WB d. Völkerrechts, Bd. 2, S. 589; Verdross, Immerwährende Neutralität, S. 12 f.; Kipp, a.a.O., S. 86; Baltl, Probleme der Neutralität, S. 24 f.; Plessow, Neutralität und Assoziation, S. 64 ff.

[92] Zur tatsächlichen Anerkennung der österr. Neutralität durch das Verhalten der U. N.

Die Aufnahme Österreichs in die Vereinten Nationen darf als ein Vorgang angesehen werden, der die Fortdauer einer vollen Neutralität im Rahmen der Bestimmungen der Charta in rechtlicher Hinsicht indirekt anerkennt. Er ist daher ein Vorgang von bezeichnender Bedeutung [93].

Betrachtet man die Entwicklung, die die völkerrechtliche Ordnung unter der Geltung der Satzung der Vereinten Nationen genommen hat, so wird es deutlich, daß diese Möglichkeit einer Neutralität nicht nur eine unter gewissen besonderen Umständen mögliche Ausnahme darstellt, sondern es vielmehr umgekehrt richtig sein wird, von ihr in einem sehr viel weiteren Maße als dem zu erwartenden normalen Zustand auszugehen. Es ist schon sehr bald nach dem Inkrafttreten der neuen Ordnung der Vereinten Nationen erkannt worden, daß das in ihrer Satzung entworfene Sicherheitssystem eine Erfüllung und Verwirklichung nicht gefunden hat. Die Gründe liegen in der politischen Aufspaltung der internationalen Gemeinschaft, der aus dem Aufkommen nuklearer Waffen resultierenden Machtlage und endlich auch aus dem tatsächlichen Verhalten der Staaten. Alle diese Umstände haben dahin gewirkt, daß in der Praxis der Vereinten Nationen das vorgesehene Zwangssystem – sieht man von dem koreanischen Falle ab – keine Realisierung gefunden hat. Daraus folgt aber, daß die Voraussetzungen, unter denen die Rechtsvorschriften der kollektiven Sicherheit zur Anwendung gelangen, nämlich das Handeln des Sicherheitsrates nach Kap. VII der Charta oder die Bereitschaft der Staaten, sich auch bloßen Empfehlungen der Organe der U. N. zu Zwangsmaßregeln anzuschließen, *tatsächlich* nicht als im normalen Verlauf der Geschehnisse gegeben angesehen werden können. Die Satzung der Vereinten Nationen hat, besonders in Art. 51, Vorsorge getroffen, für eine Zeit bis zum Eingreifen des Sicherheitsrates eine Verteidigung der Staaten, auch im Wege der kollektiven Selbstverteidigung, zuzulassen. Diese eher als Übergang und Ausnahme gedachte Situation ist aber heute indes die Regel geworden. Damit hat sich auch tatsächlich die Lage verändert. Kann normalerweise nicht erwartet werden, daß ein Vorgehen im Rahmen der kollektiven Maßnahmen der Vereinten Nationen erfolgt, so öffnet sich hier eine zweite weite Möglichkeit für eine Haltung der Neutralität, die nicht auf einer rechtlichen Lücke, sondern auf der fehlenden tatsächlichen Verwirklichung des in der Charta vorgezeichneten Systems beruht [94].

siehe Verdross, ZaöVR 19 (1958), S. 526 ff., ders., RGDIP 59 (1955), S. 188, eine Verpflichtung der großen Mächte betont, diese Vereinbarkeit mit der U.N.-Charta anzuerkennen und zu realisieren.

[93] In diesem Sinne auch Verdross, Neutrality within the Framework of the U.N. Organization, Symbolae Verzijl, Den Haag 1958, S. 414 ff.; Schindler jun., RdC 121, S. 249 f.

[94] Aus der reichen Literatur zu dieser tatsächlichen Wandlung des kollektiven Sicherheitssystems vgl. Chaumont, RdC 89, S. 34 f., 51 ff.; Castrén, ArchVölkR 5 (1955/56),

Diese grundlegende Veränderung der realen Situation kann hier nicht im einzelnen dargelegt werden. Es genüge, auf einige Momente hinzuweisen, Der Gedanke der kollektiven Sicherheit setzt voraus, daß die solidarische Macht der Staatengemeinschaft, die gegen den Angreifer vorgeht, diesem überlegen ist. Mit der Einführung nuklearer Waffen ist diese Voraussetzung geschwunden. Die beiden Weltmächte vermögen nur untereinander ein Gleichgewicht herzustellen. Die übrigen Staaten würden, auch auf einer Seite, keine Überlegenheit begründen. Im Grunde sind alle nuklear bewaffneten Staaten der Anwendung militärischer Zwangsmaßnahmen, sofern diese konventioneller Natur sind, entzogen. Zweitens aber fehlt es in der heutigen Lage ideologischer und politischer Gegensätze in der Staatengemeinschaft und unter den mit der Vetomacht ausgerüsteten großen Mächten an der Einigkeit und Bereitschaft, die für eine solidarische Bewahrung des Friedens notwendig ist. In manchen Konflikten würde das Veto einer dieser Mächte eine gemeinsame Aktion verbindlicher Art hindern, in anderen haben die Organe der Vereinten Nationen von vornherein ihre Einwirkung auf andere neu entwickelte Mittel friedlicher Streitschlichtung durch Verhandlung, Vermittlung oder durch den Einsatz von Peace Forces beschränkt. Diese in der Praxis der Vereinten Nationen selbst vollzogene Wandlung läßt nur mehr unter besonderen Umständen die Anwendung der Vorschriften des Kap. VII der Charta erwarten. Ferner kann darauf hingewiesen werden, daß die meisten Staaten nicht bereit sind, sich an militärischen Zwangsmaßnahmen zu beteiligen. Sie sind hierzu auch in ernsteren Konfliktsfällen nicht in der Lage. Es kommt endlich noch hinzu, daß es bisher nicht gelungen ist, über den Begriff des Angriffs eine Einigkeit in Schoße der U. N. herzustellen und daher auch ein Urteil über einen Konflikt in manchen Fällen schwer unter dem Gesichtspunkt der Verletzung der Charta durch die angriffsweise Verwendung von Gewalt zu fällen ist [95]. Alle diese Umstände lassen in der Gegenwart eher erwarten, daß bei einem Konflikt zwar die Organe der U. N. sich für die Verhinderung von Feindseligkeiten und nach ihrem Ausbruch für ihre Einstellung einsetzen werden, auch friedliche Methoden zur Beilegung des Streites anwenden werden, daß aber kollektive Zwangsmaßnahmen nicht ergriffen werden. Das bedeutet, daß auch von der tatsächlichen Seite her, infolge der faktischen Nichthandhabung der Maschinerie der

S. 25 ff.; Bindschedler, ZaöRuVR 17, S. 9 f.; meine Darlegungen in: Berichte d. Dt. Gesellschaft f. Völkerrecht, Heft 2 (1958), S. 11 ff.; R. R. Baxter, ProcAmSocIL 62 (1968), S. 71; G. Schwarzenberger, The Law of Armed Conflict, S. 664 ff.

[95] Zu diesem Problem siehe J. Stone, Aggression and World Order, London 1958; R. Higgins, The Development of International Law through the Organs of the U.N., Oxford 1963, S. 189 ff.

Charta, den herkömmlichen Vorschriften bei dem Ausbruch eines bewaffneten Konfliktes wiederum ein weiter Raum eingeräumt ist. Erst die Berücksichtigung dieser praktischen Wahrscheinlichkeit, daß zahlreiche internationale Kampfhandlungen sich heute nicht im Rahmen des von der Charta entworfenen Systems abspielen, sondern die traditionellen rechtlichen Regeln bei ihnen eine Rolle spielen, macht den weiten Umfang deutlich, in dem auch in der Gegenwart noch eine Neutralität stattfinden kann. Ihr bleibt nicht nur rechtlich ein Raum offen; angesichts der fehlenden Realisierung des in der Charta vorgezeichneten Sicherheitsmodus gewinnt sie auch praktisch ein sehr viel größeres Gewicht. Im Ergebnis zeigt sich mithin, daß der Neutralität im heutigen Völkerrecht entgegen den zunächst nach 1945 geäußerten Auffassungen noch eine sehr bedeutende Funktion zukommt. Sie kann noch als eine dem geltenden Recht angehörende, aber auch als eine in der Wirklichkeit zur Anwendung gelangende Einrichtung anerkannt werden.

IV. Erscheinungsbild der Neutralität in der Gegenwart

1. Volle und differentielle Neutralität

Soweit das heutige Recht der Neutralität sowohl unter den Nichtmitgliedern der Vereinten Nationen wie unter den Mitgliedstaaten eine Anwendung beläßt und soweit die faktischen Verhältnisse den Geltungsbereich der überlieferten Regeln über bewaffnete Konflikte in hohem Maße erweitern, ergibt sich die Frage, ob dies eine Fortführung der traditionellen Rechtsnormen der Neutralität in sich schließt. Grundsätzlich wird man dies annehmen können. Ein anderes gilt nur dort, wo Mitgliedstaaten der Vereinten Nationen ihr Verhalten gegenüber Zwangsmaßnahmen der Organisation einzurichten haben, die in diesem Falle ihre Pflicht zur Unterstützung zur Geltung bringen, oder wo Staaten sich von sich aus solchen Maßregeln anschließen und ihre Haltung zugunsten einer Förderung der Aktion der U. N. differenzieren. Davon wird alsbald zu sprechen sein. Wo diese Umstände aber nicht vorliegen, gelten die bisherigen Grundregeln der Neutralität fort. Es bleibt bei der Pflicht, sich an der Auseinandersetzung der in Krieg oder ähnliche Konflikte verstrickten Parteien nicht militärisch zu beteiligen, das eigene Gebiet zu verteidigen und nicht der Nutzung durch die Kampfbeteiligten freizugeben und Maßregeln, die vom Staat gegenüber den Kriegführenden getroffen werden, nach dem Grundsatz der Unparteilichkeit auszurichten [96]. Die neuere Entwicklung hat diese Verpflichtung im Grundzug nicht berührt. Die Formen moderner Wirtschaft machen es gewiß schwerer, bei wirtschaftlichen Maßregeln des neutralen Staates zwischen der staatlichen Pflicht zur Beachtung der Gleichmäßigkeit und privatem Handeln zu unterscheiden. Aber der Unterschied zwischen dem privaten und dem staatlichen Bereich ist hier nicht aufgehoben [97], eine „wirtschaftliche" Neutralitätspflicht besteht ebensowenig wie eine Bindung des neutralen Staates, für eine ideelle Gleichbehandlung in Presse und öffentlicher Meinung zu sorgen [98].

[96] Vgl. hierzu oben den Text zu Anm. 41–55 und diese Anmerkungen.

[97] Eine Reihe von Autoren meint freilich, daß die heutige Wirtschaftsgestaltung diesen Unterschied beseitigt habe. So J. Stone, Legal Controls of Intern. Conflict, S. 408 ff.; Skubiszewski in: Sørensen, Public International War, 1968, S. 842. Dagegen Castren, ArchVölkerR 5 (1955/56), S. 33, 39; Bindschedler, ZaöRuVR 17 (1956), S. 15 f., 24 f.

[98] Gegen eine „wirtschaftliche" Neutralität siehe Schindler sen. in: Festschrift Max Huber, S. 107 f.; Guggenheim, Völkerbund, Dumbarton Oaks usw., a.a.O., S. 68 ff.; Ders.,

Die traditionellen Regeln der Neutralität gelten in ihrem vollen Bestande nur dort weiter, wo sie nicht mit den Pflichten der Mitglieder der Vereinten Nationen kollidieren. Ihnen unterliegen demgemäß Nichtmitglieder und die Mitgliedstaaten dann, wenn keine Aktion nach Kap. VII vorliegt, sondern höchstens Empfehlungen der Organe der U. N. ohne bindende Wirkung [99]. Soweit freilich innerhalb der Vereinten Nationen im Rahmen der Art. 41 ff. der Charta gemeinsame Zwangsmaßnahmen angeordnet werden, greifen für die ihnen zugehörigen Staaten die Pflichten zur Unterstützung der Aktion ein. Auch wenn diese Länder nicht selbst etwa an militärischen Sanktionen teilnehmen, haben sie durch Bereitstellung von Stützpunkten, Bewilligung von Durchfuhr, Teilnahme an Sperrmaßnahmen usw. eine Hilfe für die Unternehmung der U. N. zu gewähren, die zu einer Differenzierung zwischen den beiden an der Auseinandersetzung Beteiligten führt. Es besteht kein Zweifel, daß eine Beteiligung an militärischen Sanktionen die Neutralität aufhebt und bei ihnen von neutraler Haltung nicht mehr die Rede sein kann [100]. Wenn hingegen nur eine Unterstützung durch politische oder wirtschaftliche Akte in Frage steht, so bleibt formell eine neutrale Haltung bestehen, wenn man im engsten Sinne auf die Nichtbeteiligung an der bewaffneten Auseinandersetzung sieht. Man hat daher unter diesem Gesichtspunkt den Begriff der „differentiellen" Neutralität entwickelt, die es den Mitgliedstaaten der U. N. gestatten sollte, Mitgliedspflichten und neutrale Haltung zu vereinigen. Man wird demgegenüber indessen feststellen müssen, daß eine solche Haltung so sehr von derjenigen der traditionellen Neutralität abweicht, daß sie nicht mehr an deren Regeln gemessen werden kann.

Exkurs III. Der Gedanke einer solchen differenzierenden Behandlung, die den Angreifer der Vorteile des Rechts der Neutralität beraubt, war schon vor dem Zweiten Weltkriege in den Erörterungen über die Konsequenzen des Kellog-Paktes erwogen worden [101]. Während des Krieges nahmen dann einige Mächte, Spanien und die Türkei, eine Haltung ein, die als Nicht-Krieg-

Schweiz JbIntR 2 (1945), S. 21; Ders., Traité, Bd. 2, S. 517; Ginther, JuBl 1965, S. 305 ff.; Seidl-Hohenveldern, JbIntR 1962, S. 416 ff. (die beiden letzteren mit besonderem Hinweis auf den Waffenhandel); Schindler jun., RdC 121, S. 232. Zum Handel mit Kriegsmaterial siehe auch Urt. d. Schweiz. Bundesgerichts in: SchweizJbIntR 9 (1952), S. 166 ff. sowie Urteil des US Court of Appeal 389 F 2d, S. 485 (über Waffenausfuhr nach Cuba), AmJIL 62 (1968), S. 977.

[99] Bloße Empfehlungen der Organe der U.N. können diese Pflichten für Mitglieder nicht begründen. Zwangsmaßnahmen, die auf Beschlüsse der Generalversammlung beruhen, stehen zur Entscheidung der Mitglieder. Vgl. Verdross, Völkerrecht, 5. Aufl., S. 654.

[100] So auch Bindschedler, ZaöRuVR 28 (1968), S. 3.

[101] Vgl. zu diesen Bestrebungen und Gedanken Komarnicki, RdC 80, S. 434 ff.

führung bezeichnet wurde; sie gewährten dabei einer Seite der Kriegführenden eine gewisse Unterstützung, hielten jedenfalls das Gebot der Unparteilichkeit nicht ein [102]. Daß diese Position die Rechtslage der herkömmlichen Neutralität verließ, muß indes betont werden. Sie stellte eine neue faktische Erscheinung dar, die keine sicheren rechtlichen Konturen aufwies, und die die Staaten, die sich zu dieser Stellungnahme bekannten, den Gegenmaßnahmen der Kriegführenden aussetzte. Die Regeln der Neutralität, die sich stets in voller Gegenseitigkeit der Rechte und Pflichten zwischen Kriegführenden und Neutralen, in der Abwägung ihrer Interessen und Vorteile entwickelt haben, und die von dieser Reziprozität abhängig sind, können auf solche Haltungen nicht mehr angewendet werden. Das gilt auch für die Situation der Mitglieder der Vereinten Nationen, wenn sie zwischen den beiden Teilnehmern eines Konflikts gemäß der Stellungnahme der Organe der U. N. unterscheiden. Sie mögen hierzu nach dem Recht der Vereinten Nationen und allgemeinem Recht berechtigt sein, auch wenn nur Empfehlungen der Organe der U. N. vorliegen [103]. Aber auch eine solche Differenzierung in politischer und wirtschaftlicher Hinsicht ist mit der Stellung der Neutralität, vor allem eines permanent neutralen Landes, nicht vereinbar [104]. Man wird daher eine solche Haltung als eine Nichtkriegführung, als einen neuen, noch nicht klar rechtlich definierten Status definieren können, aber nicht als Neutralität [105].

Die rechtliche Befugnis, zwischen den Kriegführenden dann zu unterscheiden, wenn ein Angreifer bestimmt ist oder bestimmt werden kann, wird von der neueren Lehre sogar hinsichtlich der Normen des Kriegsrechts vertreten. Sir Hersch Lauterpacht hat die Meinung geäußert, gegenüber dem Angreifer brauchten der Gegner wie auch die Neutralen die Vorschriften des Kriegsrechts nicht einzuhalten. Er hat das freilich alsbald dahin weitgehend eingeschränkt, daß er die Fortdauer der Bindungskraft der humanitären Regeln des Kriegsrechts anerkennt und zugibt, daß die meisten Normen des Kriegs-

[102] Hierzu siehe Komarnicki, S. 453 ff.; Castrén, The Present Law of War and Neutrality, S. 450 ff.; Ørvik, The Decline of Neutrality, S. 195 ff.; Fabela, Neutralité, S. 136 ff.; meine Darlegungen in: Schlochauer, WB d. Völkerrechts, 2. Aufl., Bd. 2, S. 594.

[103] Vgl. L. Henkin, ProcAmSocIL 57 (1963), S. 161; Schindler jun., RdC 121, S. 269, der hier auf den Kellog-Pakt hinweist, dessen Normen aber niemals durch anerkannte Regeln über die Folgen eines Paktbruchs ergänzt worden sind. Ein Zutritt auf die Seite eines von dem Staat als Opfer eines Angriffs angesehenen anderen Landes gemäß Art. 51 der Charta schließt indes die Neutralität aus. Hier greift dann die Rechtssituation der kollektiven Selbstverteidigung ein.

[104] In diesem Sinne Haug, a.a.O., S. 91; Bindschedler, ZaöRuVR 28 (1968), S. 3 f; Zemanek, ZaöRuVR 28, S. 21 f.

[105] Diese Linie nimmt auch ein Komarnicki, RdC 80, S. 439; Haug, a.a.O., S. 92; E. Menzel, Völkerrecht, München 1962, S. 399; Schindler, RdC 121, S. 274 ff.

rechts diesen Charakter tragen [106]. Man wird dieser Auffassung mit Zurückhaltung begegnen müssen. Die Normen des Kriegsrechts ruhen auf strikter Gegenseitigkeit der Rechte und Pflichten [107]. Wird diese Relation gestört oder aufgehoben, so besteht die Gefahr, daß der humanitäre Grundcharakter dieser Regeln beeinträchtigt und unbeschränkter Gewaltübung die Tür geöffnet wird. Man wird dieser Auffassung Lauterpachts entgegenhalten können, daß nur ein Ausspruch des Sicherheitsrates über einen Angreifer eine – auch nur für Mitglieder – verbindliche Entscheidung darstellt, daß aber das einseitige Urteil eines Staates über diese Frage ihm nicht gestatten kann, von allgemeinen Regeln des Völkerrechts, auch nicht unter Berufung auf den Kellog-Pakt, abzuweichen. Man wird diese Gedanken auf die differentielle Haltung im Rahmen von Sanktionsmaßnahmen der U. N. beziehen müssen. Ein Staat, der gegenüber einem Nichtmitglied solche Unterscheidungen macht, oder sie auf Grund bloßer Empfehlungen der Organe der U. N. vornimmt, handelt außerhalb der Regeln der Neutralität und wird daher das Risiko von Gegenmaßregeln der benachteiligten Macht bis hin zu militärischen Maßregeln auf sich nehmen müssen.

Im Ergebnis wird man daher davon ausgehen können, daß sich im neueren Völkerrecht, vor allem in der Lehre – die Praxis hat hier bisher große Zurückhaltung bewahrt –, die Möglichkeiten einer von der traditionellen Neutralität abweichenden Haltung der „differentiellen" Neutralität oder Nichtkriegführung abzeichnet, die zwischen den Teilnehmern eines Konfliktes nach Gesichtspunkten der Lehre vom Angriffskrieg unterscheidet und differenziert. Doch sind die rechtlichen Umrisse dieser Haltung, die nicht den Regeln der vollen Neutralität untersteht und einen besonderen Status bildet, noch nicht gefestigt und ihre Anwendung schließt daher manche Schwierigkeiten und Risiken in sich [108] *(Ende des Exkurses)*.

Exkurs IV. Im Jahre 1965 beschloß der Sicherheitsrat der Vereinten Nationen, alle Staaten zum Abbruch wirtschaftlicher Beziehungen mit der Regierung und Wirtschaft Südrhodesiens nach seiner Unabhängigkeitserklä-

[106] H. Lauterpacht, BrYBIL 30 (1953), S. 211 ff. Im gleichen Sinne Qu. Wright, Varia Juris Gentium, Liber Amicorum voor François, Leiden 1959, S. 412.; Ders., ProcAmSocIL 45 (1951), S. 200; Lauterpacht, ProcAmSocIL 62 (1968), S. 63 ff.

[107] In diesem Sinne G. Schwarzenberger, The Frontiers of International Law, S. 32; Schindler jun., RdC 121, S. 273.

[108] Zu diesem Risiko siehe D. W. Bowett, Self-Defence in International Law, Manchester 1958, S. 181; Menzel, a.a.O., S. 399. Schindler, a.a.O., S. 276, nimmt zu Recht an, daß das Gewaltverbot auch bei nichtmilitärischen Differenzierungen des Nichtkriegführenden für die Teilnehmer des Konflikts fortgilt, die ihn nicht angreifen dürfen. Tatsächlich kann aber die Lage doch ein Risiko auch bewaffneter Gegenmaßnahmen in sich schließen.

rung aufzufordern, und diese Aufforderung ist seither noch durch eine Reihe weiterer Resolutionen bestätigt und erweitert worden [109]. Die Durchführung wirtschaftlicher Sanktionen stellt für die Mitglieder der U. N., da sie vom Sicherheitsrat ausgesprochen wurde, eine Verpflichtung dar [110]. Da es sich um wirtschaftliche Zwangsmaßregeln handelt, wird für die Mitglieder infolge des Nichtbestehens eines bewaffneten Konfliktes keine Frage der Neutralität berührt. Indes werfen die wirtschaftlichen Sanktionen für Nichtmitglieder, an die der Sicherheitsrat auch einen Appell gerichtet hatte, und ebenso für die Mitglieder mit einem Status dauernder Neutralität (Österreich) besondere Probleme auf. Was die Nichtmitglieder angeht, so hat die Bundesrepublik Deutschland sich wiederholt zu den Prinzipien der Charta bekannt [111], ist dadurch aber nur an die Grundsätze der Vereinten Nationen, nicht an die speziellen Pflichten der Mitglieder nach Kap. VII gebunden. Sie hat sich aus freien Stücken den Maßnahmen angeschlossen [112]. Für die Schweiz stellte sich die Frage einer Vereinbarkeit der Beteiligung mit der permanenten Neutralität, auch abgesehen von ihrer Lage als Nichtmitglied. Eine recht verstandene Neutralitätspolitik fordert von dem neutralen Staat schon im Frieden, Bindungen zu meiden, die ihn für künftige Konflikte festlegen könnten und steht auch einer Teilnahme an wirtschaftlichen Zwangsmaßnahmen entgegen [113]. Die Schweiz hat daher keine Teilnahme an dem Vorgehen der U. N. vorgesehen, hat aber Sorge getroffen, daß keine Verstärkung ihrer Handelsbeziehungen zu Süd-Rhodesien eintritt und damit der

[109] Vgl. die Resolutionen des Sicherheitsrates S/216 und S/217 vom 12. und 20. 11. 1965, die Resolution A/221 vom 9. 4. 1966 und vor allem die Resolution S/232 vom 16. 12. 1966. Es ist bemerkenswert, daß die drei letzteren Resolutionen ausdrücklich feststellen, daß die gegenwärtige Situation in Rhodesien eine Bedrohung des Friedens darstellt. Vgl. zu diesem Vorgehen F. Münch, ArchVölkR 12 (1964/65), S. 313 ff.; Zemanek, ZaöRuVR 28 (1968), S. 26 ff.; D. v. Schenck, ZaöRuVR 29 (1969), S. 264 ff. Ob die Feststellung der Gefahr für den Frieden in diesem Falle begründet ist, bleibt zweifelhaft. Vgl. Bindschedler, ZaöRuVR 28, S. 10 f.; D. v. Schenck, dort 29, S. 274. A. A. McDougal und W. M. Reisman, AmJIL 62 (1968), S. 1 ff.

[110] Das stellt der Sicherheitsrat in seiner Res. S/232 auch ausdrücklich fest. Vgl. v. Schenck, a.a.O., S. 269. Gegenüber den Nichtmitgliedern wendet er hingegen Ausdrücke an, die klarstellen, daß er hier nicht von einer Verpflichtung ausgeht. Vgl. Bindschedler, a.a.O., S. 8.

[111] Das gilt vor allem für die 1952 und 1954 gegenüber den westlichen Mächten abgegebenen Erklärungen. Vgl. v. Schenck, S. 276 f.

[112] Vgl. v. Schenck, S. 279.

[113] Nach der weitherzigen Haltung der neutralen Mächte in den ersten Jahren des Völkerbundes überwiegt heute die strengere Meinung, die eine Teilnahme an wirtschaftlichen Sanktionen für nicht vereinbar mit der Neutralitätspolitik hält. Vgl. Bindschedler, ZaöRuVR 28 (1968), S. 4 ff.; Guggenheim, Organisations économiques supranationales, indépendance et neutralité de la Suisse, Referate d. Schweiz. Juristenvereins 1963, S. 317 f.

normale Umfang des Handels (courant normal) gewahrt bleibt [114]. Österreich hat unter Hinweis auf seine Neutralität sich der Importsperre angeschlossen und hat vorgesehen, Umgehungen der Sperre durch sein Gebiet zu verhüten [115]. Diese Vorgänge zeigen, daß bei einem durch Kap. VII der Charta gedeckten Vorgehen der Organe der U. N. sich sowohl für Nichtmitglieder wie für permanent neutrale Staaten Probleme ergeben können, die den Zusammenstoß der neuen Tendenz zu einer differentiellen Neutralität nach dem Recht der Charta mit der herkömmlichen Rechtslage deutlich machen. Ein eigentlicher Konflikt kann sich aber nur für Mitglieder ergeben *(Ende des Exkurses).*

Exkurs V. Auf dem gleichen Gebiete der Neutralitätspflichten und Neutralitätspolitik dauernd neutraler Länder haben sich Fragen verwandter Art, freilich nach ganz anderer Richtung, ergeben hinsichtlich eines Beitritts solcher Staaten zu supranationalen Wirtschaftsgemeinschaften und Zollunionen. Auch hier geht es nicht um die Stellung gegenüber einem bewaffneten Konflikt, sondern um die sich aus einer Haltung dauernder Neutralität ergebenden Vorwirkungen rechtlicher und politischer Natur auf die Entscheidungen eines solchen Landes in Friedenszeiten über organisatorische Zugehörigkeit zu wirtschaftlichen Vereinigungen. Es ist anerkannt, daß für den dauernd neutralen Staat solche erweiternden Auswirkungen seines Status bestehen, die freilich nur zum kleineren Teil rechtliche Bindungen darstellen, sondern in weitem Maße dem Gebiet einer die Lage des Landes absichernden Neutralitätspolitik angehören [116]. Mit Recht wird man darauf hinweisen können, daß dem dauernd neutralen Staat in Friedenszeiten nur in einem sehr begrenzten Maße bereits Rechtspflichten obliegen; an die Entstehung solcher Pflichten als rechtliche Bindungen sind strenge Anforderungen zu stellen [117]. Als eine Rechtspflicht wird man den Grundsatz ansehen kön-

[114] Bindschedler, a.a.O., S. 12.

[115] Zur österreichischen Haltung, die die Einfuhr aus Rhodesien unterbunden hat, siehe Zemanek, ZaöRuVR 28 (1968), S. 20 f., 28. Zemanek hält hier zu Recht keinen Neutralitätsfall im Sinne eines bewaffneten Konflikts für gegeben. Es geht aber hier um die Frage, inwieweit für dauernd neutrale Staaten die Neutralitätspolitik nicht Zurückhaltung in der Beteiligung an wirtschaftlichen Zwangsmaßnahmen fordert.

[116] Zum Begriff der Vorwirkungen der permanenten Neutralität siehe Conception officielle sur la neutralité des Politischen Departements d. Schweiz, SchweizJbIntR 14 (1957), S. 196; Verdross, Europa-Archiv 1960, S. 44; Kaja, ArchVölkR 11 (1963/64), S. 48; Plessow, a.a.O., S. 28, 32; Schindler jun., RdC 121, S. 306 ff. Zu der grundlegenden Unterscheidung zwischen rechtlichen Bindungen und dem Gebiet der Neutralitätspolitik siehe M. Hagemann, Die europäische Wirtschaftsintegration und die Neutralität und Souveränität der Schweiz, Basel 1957, S. 7 ff.; 16 ff.; Ginther, JuBl 1965, S. 304; Haug, a.a.O., S. 53 ff.

[117] So mit Recht Guggenheim, Organisations économiques, S. 303 f.

nen, daß der neutrale Staat nicht durch rechtliche Bindungen im Frieden sich zur Einnahme einer Neutralität gegenüber einem andern Lande oder gar zu einem Beistand verpflichten darf. Es darf wohl zur Verteidigung seiner Neutralität Bündnisse schließen und Garantien annehmen [118], aber nicht Allianzen eingehen, die ihn für den Konfliktsfall zum Beistand für andere verbinden. Hingegen bestehen Pflichten zur Beobachtung einer wirtschaftlichen Neutralität, abgesehen von dem Gebot der Gleichbehandlung beider Kriegführenden bei staatlichen Maßnahmen, im Konfliktsfall nicht [119], und man wird daher auch nicht im Vorgriff von Pflichten in dieser Hinsicht im Frieden ausgehen können [120]. Das Problem der Vorwirkungen auf wirtschaftlichem Gebiet gehört daher in der Hauptsache dem Felde der Neutralitätspolitik an [121]. Der dauernd neutrale Staat wird hier zu beachten haben, nicht durch rechtliche Bindung oder durch tatsächliche wirtschaftliche Abhängigkeit seine freie Verfügungsbasis soweit einzuengen, daß er im Konfliktsfall zu neutralem Verhalten gegenüber bestimmten Ländern verpflichtet ist oder in seiner Handlungsfreiheit sonst wesentlich beschränkt würde [122].

Es entsteht die Frage, in welchem Umfang diese Bindung an eine Bewahrung der Handlungsfreiheit den neutralen Staat an einer organisatorischen Verbindung zu hindern vermag. Im Grunde kann dieses Problem nur bei einer Organisation auftreten, die ihre Mitglieder in sehr starkem Maße wirtschaftlich bindet und in eine bestimmte Richtung festlegt. Das wird in der Literatur vor allem im Hinblick auf die Europäischen Gemeinschaften erörtert, für die Österreich aber auch die Schweiz und Schweden eine Assoziation ins Auge gefaßt haben. Die anderen europäischen Organisationen – auf sie ist der gesamte Fragenkreis allein bezogen – führen keine so enge rechtliche oder faktische Bindung ihrer Mitglieder herbei. Der Europarat ist eine

[118] Vgl. Conception officielle, S. 197; Dahm, Völkerrecht, Bd. 1, 1958, S. 273 f.; Kipp, JuBl, 1960, S. 88; Berber, Völkerrecht, Bd. 1, 1960, S. 129. Aus diesem Grund ist mit der vollen Neutralität die Teilnahme an militärischen Sanktionen (obwohl sie im strengen Sinne keine Kriegführung darstellen) nicht vereinbar. Vgl. Guggenheim, a.a.O., S. 318; Haug, S. 114.

[119] Vgl. Zemanek, JuBl, 1959, S. 249f .; Seidl-Hohenveldern, JbIntR, 1962, S. 414 ff. Der Tendenz, im Hinblick auf die Verwischung der Grenzen zwischen staatlichem und privatem Handel und der Bedeutung des Waffenhandels eine Bindung des Neutralen zur wirtschaftlichen Gleichbehandlung anzunehmen (J. Stone, Legal Controls of Intern. Conflict, S. 408 ff.; Kaja, a.a.O., S. 46 f.) ist nicht zu folgen. Das zugrunde liegende Recht ist hierdurch nicht geändert worden.

[120] Vgl. Haug, a.a.O., S. 30 ff.

[121] Zu den Prinzipien der neutralitätspolitischen Haltung gehört z. B. im Kriege die Wahrung der schon im Frieden bestehenden Relation der Handelsbeziehungen (courant normal) und im Frieden die Vorsorge, nicht durch wirtschaftliche Bindungen an einer unparteiischen Haltung im Konflikt gehindert zu werden. Vgl. Zemanek, a.a.O., S. 250.

[122] Im Grundsatz ebenso Conception officielle, S. 197; Plessow, S. 32 f.

lose politische Vereinigung ohne bestimmte Pflichten der Mitglieder. Die europäische Menschenrechtskonvention, der zwei neutrale Staaten angehören, erlegt zwar wesentliche Pflichten auf, aber nur im Bereich der inneren Rechtsgestaltung. Die OEEC und die an ihre Stelle getretene OECD befördern den freien Handelsverkehr, ohne ihren Gliedern Pflichten aufzuerlegen, die ihre Neutralität berühren könnten [123]. Auch die EFTA (Europäische Freihandels-Organisation) bringt für die ihr angehörenden Staaten nur Pflichten zum Zollabbau mit sich, kennt aber keine gemeinsame Handelspolitik und keine supranationalen Organe [124].

Die Situation stellt sich gegenüber den anderen Organisationen bei den Europäischen Gemeinschaften, vor allem ihrem wichtigsten Glied, der EWG, anders dar. Hier ist eine ungleich festere Vereinigung geschaffen. Es wird nicht nur eine volle Zollunion herbeigeführt, die Mitgliedstaaten übertragen auch ausgedehnte Befugnisse auf supranationale Organe und gewähren diesen eine weitgehende Rechtsetzungsbefugnis in wichtigen Fragen. Die Verträge sehen endlich die Herbeiführung einer gemeinsamen Handelspolitik und daneben eine gemeinsame Gestaltung der Landwirtschaft, des Verkehrs und des Arbeitsmarktes vor [125]. Es wäre freilich zu einfach, ganz allgemein die Verbindung mit den Europäischen Gemeinschaften als den Pflichten der Neutralität widersprechend anzusehen [126]. Es gilt die einzelnen Bindungen in ihrer konkreten Bedeutung nach Umfang und Dichte abzuwägen. Sicherlich wird man trotz der supranationalen Organe und der „Übertragung" von hoheitlichen Befugnissen nicht von einem Verlust der Unabhängigkeit oder der Souveränität der Mitgliedstaaten sprechen können [127]. Auch ist eine Zollunion an sich nicht ohne weiteres eine Beeinträchtigung der neutralen

[123] Zu diesen europäischen Organisationen im Verhältnis zur Neutralität siehe Kaja, S. 50 ff.; Haug, S. 116 ff., 131 ff. Bedenken gegen eine Zugehörigkeit zum Europarat bei Guggenheim, Die Schweiz und die Völkergemeinschaft, 1957, S. 41. Dasselbe gilt für Organisationen für die Erforschung und Anwendung der Atomenergie zu friedlichen Zwecken, z. B. die Europ. Organisation für kernphysikalische Forschung (CERN). Vgl. Haug, S. 123 ff. Bei der OEEC und später der OECD hat die Schweiz sogar ausdrücklich gewisse Vorbehalte gemacht. Vgl. BBlatt 1961, S. 966, und dazu Kaja, S. 53, Anm. 84.

[124] Vgl. Haug, S. 11., 128 ff.; Guggenheim, Organisations, S. 242 f. Faktisch könnte freilich auch die EFTA eine Abhängigkeit bewirken, wäre nicht auch geographisch ihr Bereich so verteilt, daß diese Möglichkeit zurücktritt.

[125] Vgl. zu diesen Punkten unter dem Gesichtspunkt der Neutralität Kaja, S. 54 ff.; Haug, S. 134 ff.; Guggenheim, Organisations, S. 226 ff., 262 ff.

[126] In diesem Sinne ganz allgemein Bindschedler, ZaöRuVR 28, S. 15; Zemanek, JuBl., 1959, S. 250. Umgekehrt wohl eine gewisse Unterschätzung der Schwierigkeiten bei Hagemann, a.a.O., S. 23 ff.

[127] Unter Hinweis auf die Intensität der Bindungen in dieser Richtung Kaja, S. 48 f.; Bedenken dagegen in allgemeiner Form bei Guggenheim, Organisations, S. 231 ff., 247 ff., 319 ff.; Ders., Festgabe Marxer, 1964, Sonderdruck, S. 5.

Haltung. Es kommt darauf an, ob durch sie eine Bindung an einen mächtigen Staat bewirkt wird oder sie in eine Gemeinschaft hineinführt, in der der einzelne Staat nicht mehr frei bestimmen kann [128]. In der Aufgabe einer eigenen Handelspolitik läge jedenfalls möglicherweise ein Bedenken [129]. Jedenfalls könnte sie im Konfliktsfall dazu führen, dem neutralen Lande Pflichten zur Fortführung bestimmter Handelsbeziehungen nach der einen Seite, Pflichten zum Abbruch wirtschaftlicher Relationen nach der anderen Seite aufzuerlegen. Das wäre mit der Neutralität nicht vereinbar [130]. Hier könnten nur rechtliche Vorbehalte zugunsten des neutralen Landes im Vertrage und die Möglichkeit helfen, daß der neutrale Teilnehmer im Konflikt seine Mitgliedschaft kündigen oder suspendieren könnte [131].

Andere Bedenken entspringen der Erwägung, daß auch bei der Sicherung der Möglichkeit eines Ausscheidens des neutralen Landes aus der Organisation die tatsächliche Verflechtung doch so weitgehend geworden sein könnte, daß der neutrale Staat effektiv gebunden wäre. Sicherlich ist die Meinung, der Neutrale müsse für sich eine gewisse wirtschaftliche Autarkie anstreben und bewahren, richtig. Aber bei den gesteigerten industriellen Bedürfnissen der Gegenwart dürfte es fraglich sein, ob ein ausreichender Grad der wirtschaftlichen Unabhängigkeit überhaupt noch für ein kleineres Land erreichbar ist [132].

Sucht man das Ergebnis dieser Erwägungen zusammenzufassen, so erscheint es eine richtige Bewertung, daß die neutralen Staaten in ihrer Beziehung zu den Europäischen Gemeinschaften nur eine Assoziation ins Auge gefaßt haben [133]. In jedem Falle müßte eine Beteiligung an den Europäischen

[128] Die Zollunion zwischen der Schweiz und Liechtenstein kann für den ersteren Staat eine solche Bindung nicht beinhalten. Vgl. Plessow, S. 113. Andererseits widersprachen 1842 England und Preußen einer Zollunion Frankreichs mit Belgien (Plessow, S. 113). Auf den Entscheid des Ständ. Internationalen Gerichtshofs im Fall der Zollunion Deutschland–Österreich im Jahre 1932 darf hingewiesen werden. Vgl. C. P. J. I., Série A:B, Nr. 41. Kein Bedenken wird dagegen heute aus dem Anschlußverbot des Staatsvertrages mit Österreich vom 15. 5. 1955 hergeleitet werden können, weil die Bundesrepublik in der EWG nur eine partielle Stellung einnimmt. Vgl. Kipp, JuBl, 1960, S. 91; Seidl-Hohenveldern, Ann. Français DIP 9 (1963), S. 83; Plessow, S. 202 ff.

[129] Vgl. Kaja, S. 61, 67; Guggenheim, Organisations, S. 244, 321 ff.; Plessow, S. 146 ff.

[130] Auf diese Bedenken weisen hin Bindschedler, a.a.O., S. 16; Plessow, S. 119, 144.

[131] Zur Notwendigkeit einer solchen Möglichkeit der Kündigung oder Suspension Guggenheim, S. 324 ff.; Plessow, S. 164 ff. Die Vorbehalte des EWG-Vertrages in Art. 223 und 224 können einen solchen Vorbehalt für die Neutralität im Konfliktsfall darstellen. So Haug, S. 147 f. Zweifelnd dagegen hier Guggenheim, S. 320, 324, und Zemanek, JuBl, 1959, S. 251. Einen vollen Beitritt mit Vorbehalten hält für möglich H. Chr. Binswanger, Neue Zürcher Ztg. v. 23. 11. 1969.

[132] Zur Bedeutung und Möglichkeit einer unabhängigen Wirtschaftspolitik der Neutralen siehe Haug, S. 150; Seidl-Hohenveldern, Ann. Français DIP, 1963, S. 830 f.

[133] Vgl. zur Assoziation die Berichte des Außenpolit. Ausschusses des Europarates v. 9. 5. 1962, Doc. 1420 und v. 14. 9. 1962, Doc. 1479, die die Assoziation für eine geeignete

Gemeinschaften ihnen ausreichende Freiheit in der Gestaltung der Handelspolitik belassen und im Konfliktsfalle die Möglichkeit einer Kündigung oder einer Suspension der Vertragspflichten offenhalten, die mit der Neutralität nicht vereinbar wären *(Ende des Exkurses).*

2. *Die Praxis nach 1945*

In der Zeit nach dem Ersten Weltkrieg hat die Staatenpraxis in nicht unerheblichem Maße an dem traditionellen Begriff der Neutralität festgehalten und ihn dann in den letzten Jahren vor dem Zweiten Weltkriege sogar weitgehend wiederhergestellt [134]. Trotz der abermaligen verstärkten Veränderung der rechtlichen Grundkonzeption nach 1945 kann Ähnliches vom Verhalten der Staatenwelt gesagt werden. Auch in dieser Periode läßt sich neben der Zuwendung zu den neuen Vorstellungen eine fortdauernde Anwendung des herkömmlichen Neutralitätsrechts beobachten. Im Vordergrund steht die Haltung der permanent neutralen Staaten. Die Schweiz hat nicht nur im Blick auf ihre durchaus im traditionellen Sinne aufgefaßte Neutralität vom Beitritt zu den Vereinten Nationen abgesehen; die Stellungnahmen ihrer amtlichen Organe nehmen auch immer wieder auf diese Rechtsstellung Bezug und gehen von der Fortgeltung des Neutralitätsrechts aus. Das Beispiel der österreichischen Neutralität ist schon gewürdigt worden. Sie richtet sich am Vorbild der Schweiz aus und es ist bemerkenswert, daß diese Orientierung bereits in dem sowjetisch-österreichischen Memorandum über die Moskauer Zusammenkunft vom 15. 4. 1955 aufgeführt wird, also von der Sowjetunion angenommen wurde [135].

In diesem Zusammenhang gehört auch die freiwillig übernommene Neutralität Schwedens [136].

Form der Verbindung erklären. Vgl. auch zur Assoziation Kaja, S. 54 ff.; Guggenheim, Organisations, S. 272 ff., 322 ff.; Plessow, S. 83 f.; 93 ff., hält die Assoziation allein für möglich (mit Übers. d. Literatur). Ähnlich Ginther, JuBl, 1965, S. 307.

[134] Vgl. die Übersicht bei Komarnicki, RdC 80, S. 448 ff.; Boye, RdC 64 (1938 II), S. 65 ff.; Ørvik, a.a.O., S. 132 ff.; Haug, a.a.O., S. 63 ff., und meine Darlegungen in: Reports of the International Law Association, Bd. 40, S. 285 ff., 291 ff.

[135] Vgl. den Text des Memorandums bei Ermacora, Österreichs Staatsvertrag und Neutralität, Frankfurt 1957, S. 22. Es kann allgemein festgestellt werden, daß die Völkerrechtslehre der UdSSR die Neutralität als Rechtsinstitut heute anerkennt. Vgl. Völkerrecht, hrsg. v. Lewin-Kaljushna, Deutsche Übers. Berlin 1967, S. 415 f.

[136] Hierzu Torsten Nilsson, Nord. Tidsskrift for International Ret 35 (1965), S. 3 ff. Von geringerer Bedeutung ist es, daß auch der Vatikanstaat nach dem Lateranvertrag v. 11. 2. 1929 zur Neutralität gehalten ist.

Die Neutralität wird aber auch in generellen Verträgen des Völkerrechts in ihrem herkömmlichen Stande angewendet. Die wichtigste Stelle hierfür bilden die Genfer Rot-Kreuz-Abkommen vom 12. 8. 1949, die ausdrücklich Pflichten für neutrale Staaten festlegen [137] und die Institution neutraler Schutzmächte kennen [138]. In dem Waffenstillstand von Panmunjom vom 27. 3. 1953, der den Koreakonflikt beendete, wurde eine Kommission zur Überwachung des Abkommens und der Rückgabe der Kriegsgefangenen eingesetzt, die aus Angehörigen „neutraler Nationen" gebildet wurde, die nicht an den Feindseligkeiten teilgenommen hatten (Art. 37) [139]. In einem weiteren Sinne gehört in das Gebiet der Neutralität auch das Bestreben, bestimmte Bereiche der Erde oder des subirdischen Raumes von Kriegshandlungen freizustellen und zu neutralisieren. Hierher zählt der Antarktis-Vertrag vom 1. 12. 1959, der für das Gebiet des antarktischen Kontinents militärische Maßnahmen und Einrichtungen untersagt [140]. Der Vertrag vom 27. 1. 1967 über die Erforschung und Nutzung des Weltraums schließt die Stationierung nuklearer Waffen im Weltraum aus [141] und derzeit liegen Entwürfe eines Vertrages zur Verhinderung der Verwendung des Ozeangrundes für Massenvernichtungswaffen der Genfer Konferenz der 25 Staaten vor [142].

Endlich mag in diesem Zusammenhang auf die Vorgänge bei der Neutralisierung von Laos 1962 hingewiesen werden. Einer Erklärung der Regierung des Landes vom 9. 7. 1962 folgte die wesentlich gleichlautende Erklärung einer großen Reihe anderer Staaten, darunter der großen Mächte, die diesen Status einer dauernden Neutralität anerkannten und zugleich dessen Pflichten eingehend festlegten. Die hierbei zutage tretenden Regeln dürften, wie Schindler mit Recht bemerkt hat, in der Linie der überlieferten Auffassung der Neutralität liegen [143].

Der Umstand, daß seit 1945 keine erklärten Kriege mehr geführt worden sind, sondern Feindseligkeiten entweder in internationalen „Konflikten" oder Bürgerkriegen, die oft eine internationale indirekte Beteiligung aufweisen, sich ereignen, hat Kundgebungen einer neutralen Haltung im technischen

[137] Vgl. I. Genfer Konv. Art. 4, II. Konv. Art. 5.

[138] Siehe III. Konv. Art. 8, 10, 123 und IV. Konv. Art. 25, 108, 111.

[139] Zu der Einsetzung dieser Kommission und ihrer Tätigkeit vgl. Bindschedler, ZaöRuVR 17 (1956), S. 33 f., und Denise Bindschedler-Robert, SchweizJbIntR 10 (1953), S. 125 ff.

[140] Vgl. hierzu I. v. Münch, ArchVölkR 7 (1958), S. 225 ff.; Hayton, ÖstZJR 10 (1960), S. 368 ff.

[141] Vgl. hierzu J. E. S. Fawcett, International Law and the Use of Outer Space, Manchester 1968, S. 33 ff.

[142] Vgl. die Entwürfe UN/AC 115/24 v. Juni 1968 in: International Legal Materials 7 (1968), S. 885.

[143] Vgl. zu Laos Schindler jun., RdC 121, S. 309 ff.; Cyril E. Black u. a., Neutralization and World Politics, Princeton 1968, S. 87 ff.

Sinne zurückgedrängt. Dennoch lassen sich Beispiele einer solchen Haltung anführen. Während des Koreakonfliktes beobachteten die arabischen Staaten hinsichtlich der Durchfuhr von Waffen und Truppen die Grundsätze der Neutralität [144]. Am deutlichsten traten die Züge eines echten Krieges hervor bei den wiederholten Konflikten zwischen Israel und seinen arabischen Nachbarn 1947/48, 1956 und 1967 [145] sowie im indisch–pakistanischen Kampfe 1965. Im letzteren Fall nahm Ceylon die Haltung eines neutralen Landes an [146]. Im israelisch-arabischen Kriege von 1967 erklärte der Bundeskanzler der Bundesrepublik Deutschland im Parlament, die Bundesregierung habe sich zu einer Politik der „Nichteinmischung" entschlossen und werde diesem Grundsatz getreu keine Waffen an einen der Kriegführenden liefern [147].

3. *Bedeutung der Neutralität*

Wenn sich die völkerrechtliche Auffassung am Ausgang der beiden Weltkriege von der Neutralität abwandte, so geschah das im Zeichen der Hoffnung auf eine neue engere Solidarität der Nationen, die es möglich machen würde, bewaffnete Konflikte durch das Zusammenstehen der Staaten zu überwinden. Wo die Hoffnung bestand, den Krieg überhaupt abzuschaffen, konnte die Neutralität, die Begrenzung des Konfliktes, nicht mehr als ein bedeutsames Ziel erscheinen. Im Gegenteil, in einem solchen Ringen um die Verwirklichung einer neuen Staatenordnung konnte sie als eine Haltung der Isolierung, des Beiseitestehens, gedeutet werden, die mehr der Verfolgung des Eigeninteresses als der allgemeiner Gesichtspunkte diente. Wir haben gesehen, daß sich dieses neue Bild einer solidarischen Staatengemeinschaft in der Entwicklung nicht erfüllt hat. Nicht nur läßt die rechtliche Gestalt der Völkerrechtsordnung auch in der Gegenwart noch Möglichkeiten für eine her-

[144] Vgl. Verplaetse, ZaöRuVR 23 (1963), S. 716 ff.; Schindler jun., RdC 121, S. 291 f.

[145] Daß es sich im Nahen Osten um einen echten Krieg handelte, kam in der Anwendung des Prisenrechts durch Ägypten zum Ausdruck. Vgl. die Fälle Fjeld (Int. Law Reports 1950, S. 345), Esperia, Dozon, Captain Manoli (ILR 28, S. 656 ff.), Inge Toft und Astypalia (ILR 31, S. 509 ff.). Vgl. hierzu E. Lauterpacht, Proc AmSocIL 62 (1968), S. 60 f. Gegen die Anerkennung eines Kriegszustandes nach dem Waffenstillstand hat sich der Sicherheitsrat am 1. 9. 1951 in einer Resolution (S/2322) ausgesprochen. Vgl. Marjorie M. Whiteman, Digest of International Law, Bd. 10 (1968), S. 873.

[146] Rousseau, RGDIP, 1966, S. 180 f. Auch in diesem Konflikt kam es zu Prisenverfahren. Vgl. E. Lauterpacht, a.a.O.

[147] BTag IV Wahlp., 111. Sitzung v. 7. 6. 1967, Sten. Ber. S. 5268.

kömmliche Neutralität offen, der Umstand, daß eine Realisierung der kollektiven Sicherheit durch gemeinsame Aktionen nur mehr als Ausnahme erwartet werden kann, öffnet der traditionellen Anwendung und Einschätzung der Neutralität einen weiten Raum. Aber dieser Fortbestand der Neutralität kann nicht nur als ein tatsächlicher Ausweg, als ein gewissermaßen unvollkommener Zustand, angesehen werden. Solange die Staatengemeinschaft noch keine neue Gestalt gefunden hat, in der sie wirklich den Frieden durch wirksame Mittel zu erhalten vermag, stellt die Einrichtung der Neutralität eine Institution dar, die auch in ihrer positiven Bedeutung gewürdigt werden muß.

Im 19. Jahrhundert erfüllte die Neutralität vor allem zwei wichtige allgemeine Funktionen. Sie diente einer Begrenzung der Ausdehnung des bewaffneten Streites und sie ermöglichte inmitten des Kampfes die Gedanken und Gesetze der Humanität wirksamer zu wahren, als dies ohne die Existenz neutraler Staaten möglich gewesen wäre. Beide Aufgaben schienen mit der Wandlung der Völkerrechtsordnung und mit dem Streben nach völliger Überwindung des Krieges und der Gewalt ihre Bedeutung weitgehend eingebüßt zu haben.

Die Erfahrung nach den beiden Weltkriegen hat jedoch gezeigt, daß die erwartete Verwirklichung einer neuen völkerrechtlichen Ordnung noch nicht in vollem Umfang erreichbar war. Ungeachtet der gegen den Krieg entwikkelten Normen des Völkerrechts haben sich in diesen Zeiträumen immer wieder bewaffnete Konflikte ereignet. Freilich ist es möglich gewesen, einen großen Zusammenstoß von der Art der beiden Weltkriege zu vermeiden, der in der Gegenwart durch die Anwendung nuklearer Waffen von ungeheurem Schrecken und größter Zerstörung begleitet sein müßte. Aber kleinere Auseinandersetzungen, nicht selten sogar unter begrenzter Einmischung der großen Mächte, haben nicht gefehlt. Es ist zu besorgen, daß sie auch schwer zu vermeiden sind, solange die internationale Rechtsordnung nicht bessere Mittel der Streitschlichtung und vor allem auch Methoden der friedlichen Änderung rechtlicher Verhältnisse entwickelt hat. So hat sich in der heutigen internationalen Gemeinschaft eine Form des begrenzten Krieges zum Austrag sowohl politischer wie auch ideologischer Konflikte entwickelt, die nicht selten – was das rechtliche Bild schwierig gestaltet – die Gestalt von Bürgerkriegen annehmen, die wiederum durch fremde Beteiligung in mindestens versteckte internationale Auseinandersetzungen übergehen. Soweit diese Konflikte nicht die Gestalt eines klaren internationalen Streites annehmen, wird es schwierig bleiben, auf sie die Regeln der Neutralität ohne weiteres anzuwenden und deren begrenzende und humanisierende Funktion zum Tragen zu bringen. Hier werden neue, möglicherweise jeweils vertraglich entwickelte Formen der Nichtintervention, des Abstandnehmens von Unterstützung und Waffenlieferung zu entwickeln sein [148]. Ansätze zu einer Anwendung der humanitären Regeln des Kriegsrechts haben schon die Genfer Rot-Kreuz-Abkommen von 1949 gemacht und die Zeit seither hat diese Tendenzen noch bestärkt. Wenn es sich aber in diesen Auseinandersetzungen um wirkliche internationale Kämpfe handelt, so kann die Neutralität auch in der Gegenwart einen großen Teil ihrer alten Funktionen durchaus erfüllen. Wenn es nicht zu verhüten ist, daß bewaffnete Streitigkeiten stattfinden, so liegt auch heute noch ein starkes Interesse vor, ihre Ausdehnung zu begrenzen und einer Ausweitung des Krieges vorzubeugen. Das bewirkt die Neutralität. Die Idee kollektiver Sicherheit beruht auf dem Gedanken einer gemeinsamen Aktion der Staaten gegen den Angreifer; darin liegt an sich eine Tendenz zur Generalisierung, die in der Gegenwart im Hinblick auf die nuklearen Kampfmittel nicht unbedenklich sein kann. Daher darf auch heute noch unter dem Gesichtspunkt der Eingrenzung des Kampfes der Neutralität eine positive Bedeutung zugemessen werden.

Wichtiger aber ist sicherlich die zweite Funktion der Neutralität, ihre Beförderung humanitärer Bestrebungen. Es ist eine alte Erfahrung, daß Kriege, die unter dem Blicke vieler und mächtiger beiseitestehender Staaten ausgetragen werden, in ihren Mitteln und Auswirkungen unter einem Gebot der Begrenzung stehen, das sich aus der öffentlichen Meinung der anderen Staaten und auch aus deren politischem Einfluß ableitet. Darüber hinaus zeigen die Normen des humanitären Kriegsrechts über Gefangene, Schutz der Bevölkerung und Verwendung bestimmter Kampfmittel von stärkster Auswirkung, daß auch für manche praktische Maßnahmen der Eindämmung der Kriegswirkungen das Vorhandensein von neutralen Ländern, von Schutzmächten und Vermittlern, wesentlich ist. Die Neutralität leistet darüber hinaus einen Dienst in der Erhaltung eines Friedensbereiches, aus dem heraus Bemühungen um Beendigung des Kampfes, Vermittlung und gegenüber der heutigen Neigung zu ideologischer Eskalation des Krieges und gegenüber den auftretenden nationalen Leidenschaften eine objektive ausgleichende Aufgabe gegeben werden kann.

Es mag endlich auf eine weitere Funktion der Neutralität hingewiesen werden. Sie vermag bestimmte Gebiete durch die Einrichtung dauernder Neutralität, neutralisierte Zonen und ähnliche Einrichtungen dem Streit zu entziehen und damit Zwischenzonen zu schaffen, friedliche Bereiche zu sichern und wiederum eine Konfliktsbegrenzung herbeizuführen, die sich auch bereits im Frieden auswirkt, da diese Einrichtungen bereits in Friedenszeiten

[148] Vgl. hierzu W. Friedmann, The Changing Structure of International Law, London 1964, S. 346 ff.; Schindler jun., RdC 121, S. 178 ff.

vorhanden sind. Es ist daher richtig, in dieser Wirkung dauernder Einrichtungen der Neutralität eines Landes oder bestimmter Zonen eine immer noch wirksame Einrichtung des Völkerrechts anzuerkennen[149]. Auch in der Entwicklung der Vereinten Nationen haben solche Mittel in Gestalt der zwischen Streitteilen geschobenen Peace Forces und der Kommissionen zur Überwachung von Grenzen ihren Eingang gefunden.

Die Fortgeltung des Neutralitätsrechtes in seiner traditionellen Form ist in der Gegenwart eine beschränkte. Sie steht neben einem neuen Sicherheitssystem der universalen Staatengemeinschaft und anderen Bestrebungen, die den Krieg als solchen überhaupt beseitigen wollen. Ihre Rolle ist, so sehr sie auch heute noch weit ausgedehnt erscheint, eine begrenzte. Aber sie bleibt heute noch eine bedeutsame Einrichtung des Völkerrechts. Die Entwicklung mag zu einer neuen internationalen Ordnung führen, in der durch institutionelle Vorkehrungen oder durch das Zusammenwirken der führenden Mächte der Austrag politischer Gegensätze auf friedliche Bahnen gelenkt werden kann. In der Gegenwart steht die internationale Ordnung noch in einem Zustand des Überganges. Es gibt noch keine wirksame Weltorganisation des Friedens, die alle Konflikte verhüten kann, es fehlt an einer Formierung einer überlegenen streitentscheidenden Autorität in der Staatengemeinschaft. In diesem Stande der Entwicklung, in dem Staatensouveränität, die Unabhängigkeit nationaler Politik, das Fehlen verbindlicher Prinzipien zur Entscheidung territorialer, politischer und sozialer Konflikte noch das Bild der Staatengemeinschaft bestimmen, hat die Neutralität noch eine streitbegrenzende und damit auch letztlich dem Frieden dienende Funktion zu erfüllen.

[149] Zur Bedeutung der Neutralisation siehe Cyril E. Black u. a., S. 97 ff., 112 ff.

VERÖFFENTLICHUNGEN
DER ARBEITSGEMEINSCHAFT FÜR FORSCHUNG
DES LANDES NORDRHEIN-WESTFALEN

Neuerscheinungen 1965 bis 1969

GEISTESWISSENSCHAFTEN

AGF-G Heft Nr.		
61	*Ulrich Scheuner, Bonn*	Die Neutralität im heutigen Völkerrecht
101	*Ivor Jennings†, Cambridge (England)*	Die Umwandlung von Geschichte in Gesetz
120	*Eleanor von Erdberg-Consten, Aachen*	Kunst und Religion in Indien, China und Japan
122	*Franz Wieacker, Göttingen*	Zum heutigen Stand der Naturrechtsdiskussion
123	*Bernhard Kötting, Münster*	Der frühchristliche Reliquienkult und die Bestattung im Kirchengebäude
124	*Günther Stökl, Köln*	Das Bild des Abendlandes in den altrussischen Chroniken
125	*Joseph Höffner, Münster*	Selbstverständnis und Perspektiven des Zweiten Vatikanischen Konzils
126	*Jost Trier, Münster*	Wortgeschichten aus alten Gemeinden
127	*Herbert Dieckmann, Cambridge (USA)*	Die künstlerische Form des Rêve de D'Alembert
128	*Hans Welzel, Bonn*	An den Grenzen des Rechts. Die Frage nach der Rechtsgeltung
129	*Paul Mikat, Düsseldorf*	Das Verhältnis von Kirche und Staat im Lande Nordrhein-Westfalen in Geschichte und Gegenwart
130	*Ernst Langlotz, Bonn*	Die kulturelle und künstlerische Hellenisierung der Küsten des Mittelmeers durch die Stadt Phokaia
131	*Harry Westermann, Münster*	Das Verhältnis zwischen Bergbau und öffentlichen Verkehrsanstalten als Gegenstand richterlicher und gesetzgeberischer Bewertung
132	*Werner Schulemann, Bonn*	Die Kunst Zentralasiens als Ausdrucksform religiösen Denkens
	Walther Heissig, Bonn	Tibet und die Mongolei als literarische Provinzen
133	*Tilemann Grimm, Bochum*	China und Südostasien in Geschichte und Gegenwart
134	*Peter Berghaus und Karl Schneider, Münster*	Anglo-friesische Runensolidi im Lichte des Neufundes von Schweindorf (Ostfriesland)
135	*Benno von Wiese, Bonn*	Goethe und Schiller im wechselseitigen Vor-Urteil
136	*Gotthard Günther, University of Illinois (USA)*	Logik, Zeit, Emanation und Evolution
137	*Karl Heinrich Rengstorf, Münster*	Die Re-Investitur des Verlorenen Sohnes in der Gleichniserzählung Jesu Luk. 15, 11-32
138	*Gerhard Gloege, Bonn*	Die Todesstrafe als theologisches Problem
139	*Joseph Ratzinger, Tübingen*	Das Problem der Dogmengeschichte in der Sicht der katholischen Theologie
140	*Herbert von Einem, Bonn*	Masaccios „Zinsgroschen"
141	*Karl Gustav Fellerer, Köln*	Klang und Struktur in der abendländischen Musik
142	*Joh. Leo Weisgerber, Bonn*	Die Sprachgemeinschaft als Gegenstand sprachwissenschaftlicher Forschung
143	*Wilhelm Ebel, Göttingen*	Lübisches Recht im Ostseeraum
144	*Albrecht Dihle, Köln*	Der Kanon der zwei Tugenden

145	*Heinz-Dietrich Wendland, Münster*	Die Ökumenische Bewegung und das II. Vatikanische Konzil
146	*Hubert Jedin, Bonn*	Vaticanum II und Tridentinum
147	*Helmut Schelsky, Münster*	Schwerpunktbildung der Forschung in einem Lande
	Ludwig E. Feinendegen, Jülich	Forschungszusammenarbeit benachbarter Disziplinen am Beispiel der Lebenswissenschaften in ihrem Zusammenhang mit dem Atomgebiet
148	*Herbert von Einem, Bonn*	Die Tragödie der Karlsfresken Alfred Rethels
149	*Carl A. Willemsen, Bonn*	Die Bauten der Hohenstaufen in Süditalien. Neue Grabungs- und Forschungsergebnisse
150	*Hans Flasche, Hamburg*	Die Struktur des Auto Sacramental „Los Encantos de la Culpa" von Calderón
		Antiker Mythos in christlicher Umprägung
151	*Joseph Henninger, Bonn*	Über Lebensraum und Lebensformen der Frühsemiten
152	*François Seydoux de Clausonne, Bonn*	Betrachtungen über die deutsch-französischen Beziehungen von Briand bis de Gaulle
153	*Günter Kahle, Köln*	Bartolomé de las Casas
154	*Johannes Holthusen, Bochum*	Prinzipien der Komposition und des Erzählens bei Dostojevskij
155	*Paul Mikat, Düsseldorf*	Die Bedeutung der Begriffe Stasis und Aponoia für das Verständnis des 1. Clemensbriefes
156	*Dieter Nörr, Münster*	Die Entstehung der *longi temporis praescriptio.* Studien zum Einfluß der Zeit im Recht und zur Rechtspolitik in der Kaiserzeit
157	*Theodor Schieder, Köln*	Zum Problem des Staatenpluralismus in der modernen Welt
158	*Ludwig Landgrebe, Köln*	Über einige Grundfragen der Philosophie der Politik

WISSENSCHAFTLICHE ABHANDLUNGEN

AGF-WA Band Nr.		
1	*Wolfgang Priester, Hans-Gerhard Bennewitz und Peter Lengrüßer, Bonn*	Radiobeobachtungen des ersten künstlichen Erdsatelliten
2	*Joh. Leo Weisgerber, Bonn*	Verschiebungen in der sprachlichen Einschätzung von Menschen und Sachen
3	*Erich Meuthen, Marburg*	Die letzten Jahre des Nikolaus von Kues
4	*Hans-Georg Kirchhoff, Rommerskirchen*	Die staatliche Sozialpolitik im Ruhrbergbau 1871–1914
5	*Günther Jachmann, Köln*	Der homerische Schiffskatalog und die Ilias
6	*Peter Hartmann, Münster*	Das Wort als Name (Struktur, Konstitution und Leistung der benennenden Bestimmung)
7	*Anton Moortgat, Berlin*	Archäologische Forschungen der Max-Freiherr-von-Oppenheim-Stiftung im nördlichen Mesopotamien 1956
8	*Wolfgang Priester und Gerhard Hergenhahn, Bonn*	Bahnbestimmung von Erdsatelliten aus Doppler-Effekt-Messungen
9	*Harry Westermann, Münster*	Welche gesetzlichen Maßnahmen zur Luftreinhaltung und zur Verbesserung des Nachbarrechts sind erforderlich?
10	*Hermann Conrad und Gerd Kleinheyer, Bonn*	Vorträge über Recht und Staat von Carl Gottlieb Svarez (1746–1798)
11	*Georg Schreiber†, Münster*	Die Wochentage im Erlebnis der Ostkirche und des christlichen Abendlandes
12	*Günther Bandmann, Bonn*	Melancholie und Musik. Ikonographische Studien
13	*Wilhelm Goerdt, Münster*	Fragen der Philosophie. Ein Materialbeitrag zur Erforschung der Sowjetphilosophie im Spiegel der Zeitschrift „Voprosy Filosofii" 1947–1956
14	*Anton Moortgat, Berlin*	Tell Chuéra in Nordost-Syrien. Vorläufiger Bericht über die Grabung 1958
15	*Gerd Dicke, Krefeld*	Der Identitätsgedanke bei Feuerbach und Marx
16a	*Helmut Gipper, Bonn, und Hans Schwarz, Münster*	Bibliographisches Handbuch zur Sprachinhaltsforschung, Teil I. Schrifttum zur Sprachinhaltsforschung in alphabetischer Folge nach Verfassern – mit Besprechungen und Inhaltshinweisen (Erscheint in Lieferungen: bisher Bd. I, Lfg. 1–7; Lfg. 8–10)
17	*Thea Buyken, Bonn*	Das römische Recht in den Constitutionen von Melfi
18	*Lee E. Farr, Brookhaven, Hugo Wilhelm Knipping, Köln, und William H. Lewis, New York*	Nuklearmedizin in der Klinik. Symposion in Köln und Jülich unter besonderer Berücksichtigung der Krebs- und Kreislaufkrankheiten
19	*Hans Schwippert, Düsseldorf, Volker Aschoff, Aachen, u. a.*	Das Karl-Arnold-Haus. Haus der Wissenschaften der Arbeitsgemeinschaft für Forschung des Landes Nordrhein-Westfalen in Düsseldorf. Planungs- und Bauberichte (Herausgegeben von Leo Brandt, Düsseldorf)
20	*Theodor Schieder, Köln*	Das deutsche Kaiserreich von 1871 als Nationalstaat
21	*Georg Schreiber†, Münster*	Der Bergbau in Geschichte, Ethos und Sakralkultur
22	*Max Braubach, Bonn*	Die Geheimdiplomatie des Prinzen Eugen von Savoyen
23	*Walter F. Schirmer, Bonn, und Ulrich Broich, Göttingen*	Studien zum literarischen Patronat im England des 12. Jahrhunderts
24	*Anton Moortgat, Berlin*	Tell Chuéra in Nordost-Syrien. Vorläufiger Bericht über die dritte Grabungskampagne 1960
25	*Margarete Newels, Bonn*	Poetica de Aristoteles traducida de latin. Ilustrada y comentada por Juan Pablo Martir Rizo (erste kritische Ausgabe des spanischen Textes)
26	*Vilho Niitemaa, Turku, Pentti Renvall, Helsinki, Erich Kunze, Helsinki, und Oscar Nikula, Åbo*	Finnland – gestern und heute
27	*Ahasver von Brandt, Heidelberg, Paul Johansen, Hamburg, Hans van Werveke, Gent, Kjell Kumlien, Stockholm, Hermann Kellenbenz, Köln*	Die Deutsche Hanse als Mittler zwischen Ost und West

28	*Hermann Conrad, Gerd Kleinheyer, Thea Buyken und Martin Herold, Bonn*	Recht und Verfassung des Reiches in der Zeit Maria Theresias. Die Vorträge zum Unterricht des Erzherzogs Joseph im Natur- und Völkerrecht sowie im Deutschen Staats- und Lehnrecht
29	*Erich Dinkler, Heidelberg*	Das Apsismosaik von S. Apollinare in Classe
30	*Walther Hubatsch, Bonn, Bernhard Stasiewski, Bonn, Reinhard Wittram, Göttingen, Ludwig Petry, Mainz, und Erich Keyser, Marburg (Lahn)*	Deutsche Universitäten und Hochschulen im Osten
31	*Anton Moortgat, Berlin*	Tell Chuēra in Nordost-Syrien. Bericht über die vierte Grabungskampagne 1963
32	*Albrecht Dihle, Köln*	Umstrittene Daten. Untersuchungen zum Auftreten der Griechen am Roten Meer
33	*Heinrich Behnke und Klaus Kopfermann (Hrsgb.), Münster*	Festschrift zur Gedächtnisfeier für Karl Weierstraß 1815–1965
34	*Joh. Leo Weisgerber, Bonn*	Die Namen der Ubier
35	*Otto Sandrock, Bonn*	Zur ergänzenden Vertragsauslegung im materiellen und internationalen Schuldvertragsrecht. Methodologische Untersuchungen zur Rechtsquellenlehre im Schuldvertragsrecht
36	*Iselin Gundermann, Bonn*	Untersuchungen zum Gebetbüchlein der Herzogin Dorothea von Preußen
37	*Ulrich Eisenhardt, Bonn*	Die weltliche Gerichtsbarkeit der Offizialate in Köln, Bonn und Werl im 18. Jahrhundert
38	*Max Braubach, Bonn*	Bonner Professoren und Studenten in den Revolutionsjahren 1848/49
39	*Henning Bock (Bearb.), Berlin*	Adolf von Hildebrand Gesammelte Schriften zur Kunst
40	*Geo Widengren, Uppsala*	Der Feudalismus im alten Iran

Sonderreihe
PAPYROLOGICA COLONIENSIA

Vol. I *Aloys Kehl, Köln*	Der Psalmenkommentar von Tura, Quaternio IX (Pap. Colon. Theol. 1)
Vol. II *Erich Lüddeckens, Würzburg P. Angelicus Kropp O. P. †, Klausen Alfred Hermann und Manfred Weber, Köln*	Demotische und Koptische Texte
Vol. III *Stephanie West, Oxford*	The Ptolemaic Papyri of Homer
Vol. IV *Ursula Hagedorn und Dieter Hagedorn, Köln, Louise C. Youtie und Herbert C. Youtie, Ann Arbor (Hrsgb.)*	Das Archiv des Petaus (P. Petaus)

SONDERVERÖFFENTLICHUNGEN

Herausgeber: Der Ministerpräsident des Landes Nordrhein-Westfalen – Landesamt für Forschung –	Jahrbuch 1963, 1964, 1965, 1966, 1967 und 1968 des Landesamtes für Forschung

Verzeichnisse sämtlicher Veröffentlichungen der Arbeitsgemeinschaft für Forschung des Landes Nordrhein-Westfalen können beim Westdeutschen Verlag GmbH, 567 Opladen, Ophovener Str. 1–3, angefordert werden.

GPSR Compliance

The European Union's (EU) General Product Safety Regulation (GPSR) is a set of rules that requires consumer products to be safe and our obligations to ensure this.

If you have any concerns about our products, you can contact us on ProductSafety@springernature.com

In case Publisher is established outside the EU, the EU authorized representative is:

Springer Nature Customer Service Center GmbH
Europaplatz 3
69115 Heidelberg, Germany

Batch number: 10809636

Printed by Printforce, the Netherlands